書山有路勤為徑

學海無崖苦作舟

文經閣

書山有路勤為徑
學海無崖苦作舟

文經閣

給菁英的24堂心理課

前言：從智者的思想洞察幸福

一個人的一生，將面對怎樣的生活，我們無從選擇，但是我們可以學習如何生活，就好像要學習做飯、各種生存技能一樣。但是對於上述技能，人們更多追求的是技巧上的純熟，往往忽略了內心的感受。而心理學在生活中所扮演的角色，就是幫助我們更好的處理內心世界的矛盾，坦然地面對外部世界給我們帶來的各種挑戰。它教會我們如何保持內心的平靜；如何應對生活中那些必不可少的苦痛；如何正確認識自己並且平息內心的衝突；如何讓內心獲得自由；如何處理與他人之間的關係；如何去愛和收穫幸福。

真正的幸福，並非來自於他人，而是取決於我們自身。所有的精神生活都是指向自身的，當你的內心獲得寧靜時，你的生活也將是一片安詳。可是，人類對於自己的認知並非那麼容易，往往是先處於混沌無知的階段，然後因為某些事情的觸動，才開始對這個世界有所觀察，繼而反觀自身。對於人類來說，最難的理解不是朝外的，而是朝內的，也就是說，在生活中，讓我們感到最為困難的，並非是對他人的理解，而是對自身的認知。

那麼，我們應該如何處理自身與生活之間的矛盾呢？

去聆聽那些智者的教誨，摘取智慧的果實。那些在各個領域裡表現出色的智者，因為有著更為豐富的閱歷，所以比常人看問題更清晰、更透徹。而心理學領域的智者們，更容易透過理性的光芒，揭開被生活的細節所掩埋的各種表象，還生活一個本來的面目。他們的觀點，更容易將我們引入一個理性而又充滿智慧的世界中去——心理學大師都會給我們全新的啟發，讓我們在心理學的滋潤下，完善自己的內在生活：接受真實的自己，學習自我掌控，保持內心的安寧，懂得選擇和寬恕，知道生活在「此處和當下」。

無論在什麼時代，這些心理學家的萬能方法，都具有永恆的普世價值，總能幫助我們正確地生活。因為無論外面的世界如何改變，人類的心靈總還是原來的樣子。即使再過去幾百年，心理學對於人類獲取幸福或墮入苦厄之命運的判斷，也依然會充滿真知灼見。佛洛伊德對人類心理的解讀，不會因為時間的流逝而褪色，羅傑斯對於潛意識的揭秘，將一直激發我們勇往直前……

本書立足於心理學，摘取世界各國著名的心理學家對待生活的看法，從情商、個性、潛能等方面，給讀者提供一種多緯度的閱讀享受。希望本書能幫助那些尚且處在痛苦中，並且企盼光明的人明白：快樂離我們並不遙遠，愛其實觸手可得，內在的自由也很容易能夠被實現。所以，開啟你的智慧和心眼，努力去發現吧。

第一堂課

【不做壞心情的俘虜】——心情的顏色決定世界的顏色

正確認識自己

我們生命的過程，就是做自己，成為自己的過程。

社會心理學家把人的自我認識稱為人的「第二次誕生」，即繼肉體誕生之後，精神自我的誕生。他們解釋說，正確認識自我的結果，很可能是看到不完美的有眾多缺陷的「自我」，面對自我的本來面目，能否勇敢地接受現實、接受自我，是一個人心理是否健康、成熟，能否超越自我、突破自我的關鍵因素。成功人士絕對不會由於他對自身的某方面不滿意，而拒絕認識自己，不承認或不接受自己的真正面目，非要裝扮出另外一個形象來。

有一位英國作家，名叫哈爾頓，他為編寫《英國科學家的性格和修養》一書，採訪了達爾文。

達爾文的坦率是盡人皆知的，為此，哈爾頓不客氣地直接問達爾文：「您的主要缺點是什麼？」

達爾文答：「不懂數學和新的語言，缺乏觀察力，不善於合乎邏輯的思維。」

哈爾頓又問：「您的治學態度是什麼？」

達爾文又答：「很用功，但沒有掌握學習方法。」

心理學家認為，既能認識到自己的優點，又能夠理性地分析自己的缺點，才是真正全面而客觀地自我定位。成功人士能正視自己的特點，接受自己，愛惜自己，無論自己長得漂亮還是不漂亮，無論自己聰穎還是不聰穎，他們並不對自己的本來面目感到厭煩與羞愧，他們對自己並不加以掩飾，他們不無驕傲地接受自己，也接受別人，因為他們知道，自己與他人都是各有長短的極自然的人。對於不能改變的事物，他們從不抱怨，而是欣然接受自然的本來面目。他們既能在人生旅途中拚搏，積極生活，也能在大自然中輕鬆地享受……只有勇敢地接受自我，才能突破自我，走上自我發展之路。

成功人士深刻地明白這樣一個道理：仙人掌有極強的抗旱能力，但不能在熱帶雨林生長；魚可以在江河湖泊裡自由游動，但一到陸地便難以生存。這說明每種生物都有自己的特點。同樣，每個人也有自己的特點。所以，他們都在各自的人生坐標系中尋找著那個屬於自己的點，那個適合自己生存的點。

正確地認識你自己，就好像多了一雙睿智的眼睛，時時給自己添一點遠見、一點清醒、一點對現實更為透徹的體察與認知。憑藉這份認知，可以少做很多日後追悔莫及的事情。經常把「自己」放在嘴裡反覆嚼嚐，並不比捶胸頓足多費力氣。

然而，一個人要想認識自己，又談何容易？對於有些人來說，自己是什麼樣的人，只有自己不知道。由於難得有一個真實的參照系來評估自己，所以，我們往往會很自信地做傻事。

心理學家指出，人的自我認識可以從以下三個方面展開：

1. 在和別人的比較中認識自我。透過與周圍的人比較，與聖賢模範比較，認識自我在這些參照系中所處的位置。

2. 從別人的態度中認識自我。在社會交往中，他人就是一面鏡子，只有在與他人的互動中才能認清自我——利用別人對自己的態度和評價來認識自我。

3. 從工作的業績中認識自我。這裡所指的工作，乃是廣義的，並不限於課業或生產性的行為，各方面的活動如文學的、藝術的、科學的、技術的、社會的、體能的……都包括在內。各人所具潛能的性質互不相同，有人拙於文字，而長於工藝；有人不善辭令，而精於計算。若是只看少數項目上的成績，往往不能察見一個人才能和稟賦的全貌。因此，要全面客觀地從工作的業績中認識自我。

只有正確地認識你自己，充實你自己，這樣你才能找到自己的立足點，邁向成功的大門。

你的情緒可以影響一切

我們的情緒總是跟隨著我們的想法，就像小鴨總是踏實地跟著鴨媽媽一樣，但是小鴨充滿信心地跟隨著鴨媽媽並不證明鴨媽媽就知道自己該去哪裡。

情緒就像影子一樣，每天伴隨著我們。無論是在工作中還是在生活中，我們都能體會到它的存在可以帶給我們心理和生理上的變化。情緒可以影響一切，當一個人開心快樂的時候，他看到的一切都將是美好的，而當一個人的情緒陷入低潮的時候，周圍的一切都會變得灰暗，毫無價值。

德國著名的化學家奧斯特瓦爾德是一個經常受到情緒影響的人，有一天由於牙疼，痛苦難忍，情緒很壞。他拿起一位不知名的青年寄來的稿件粗粗看了一下，覺得滿紙都是奇談怪論，順手就把這篇論文丟進了紙簍。幾天以後，他的牙痛好了，情緒也好多了，那篇論文中的一些奇談怪論又在他的腦海中閃現。於是，他急忙從紙簍裡把它撿出來重讀一遍，結果發現這篇論文很有科學價值。他馬上寫信給一份科學雜誌，加以推薦。這篇論文發表後轟動了學術界，該論文的作者後來獲得了諾貝爾獎。

可見，情緒往往能夠影響我們的心情，改變我們看事物的視角，影響事物的發展走向。一般說來，情緒是我們最熟悉、體會最深的一種心理活動，我們每個人都有情緒反應，而喜怒哀樂是最基本的情緒狀態，每個人都在反覆體驗著這些情緒，可是很多人並不瞭解情緒是怎麼一回事。

社會心理學家解釋說，情緒是個體感受並認識到刺激事件後而產生的身心激動反應。這裡所說的刺激事件不僅指來自外部環境的某種刺激（諸如，看見一隻色彩斑斕的蜘蛛、一句滑稽的話、一聲嬰兒的啼哭，等等），而且還包括來自個體內部環境的、生理上的，以及心理上的刺激，如胃痛或牙痛、饑餓乾渴、氣喘心跳等屬於身體內部的生理刺激，而想到度假、想到考試、想到去世的朋友等則屬於來自內心的刺激，它們都會引起你的情緒反應。

我們幾乎每天都要表達自己的情緒，「今天我高興」，「我現在很懊惱」，「昨天那事讓我感到很難過」，「嚇死我了」，「真噁心」，「我喜歡你」……也會描述他人的情緒，「他太緊張了」，「這人怎麼這麼開心」，「我父親對我很生氣」，「昨晚耶誕節舞會上，大家都很興奮」。情緒是我們每個人不可缺少的生活體驗，情緒是有血有肉的生命的屬性，「人非草木，孰能無情」。

我們的情緒在很大程度上受制於我們的信念、思考問題的方式。如果是因為身體的原因而使自己產生不愉快的情緒，則可借助藥物來改變身體狀況。但我們非理性的思維方式就像我們的壞習慣一樣，都具有自我損害的特性，而又難以改變。這正是情緒不易控制的真正原因。

但是不易控制不等於不能控制。情緒的好與壞，往往跟我們的心態和想法有關，與外界的刺激關係並不大。一件事情在別人眼中看起來可能是悲傷的，可是到了你的眼中，也許就是喜樂的了，關鍵就在於你怎麼想。

常對自己說不要緊

心靈的困境比身體的困境更容易讓人遭受滅頂之災。

生活中，將許多人擊垮的有時並不是那些看似滅頂之災的挑戰，而是一些微不足道、雞毛蒜皮的小事。人們的大部分時間和精力無休止地消耗在這些雞毛蒜皮的小事之中，最終讓大部分人一生一事無成。生活要求人們不斷地清點，看忙碌中，哪些是重要的，是必要的，哪些是不重要的，或是無須勞神去忙的。我們遇到不如意的事，要學會對自己說「不要緊，沒關係」，會讓我們的生命更有光彩。

田麗曾經是一個多愁善感的女孩，面臨生活中一些不如意的事常常會覺得孤立無援，然而一位教授的一節課，讓她改變了自己對生活的看法。

一位德高望重的教育學教授在田麗的班上說：「我有句三字箴言要奉送各位，它對你們的教學和生活都會有幫助，可使人心境平和，這三個字就是：『不要緊』。」

田麗領會到那句三字箴言所蘊涵的智慧，在筆記本上端端正正地寫下了「不要緊」三個大字，她決定不讓挫折感和失望破壞自己平和的心情。

後來，她的心態遭遇考驗。她愛上了英俊瀟灑的周雲。他對她來說很要緊，田麗確信他是自己的白馬王子。

可是有一天晚上，周雲溫柔委婉地對田麗說，他只把她當作普通朋友。田麗感到世界土崩瓦解。那天夜裡田麗在臥室裡哭泣時，覺得記事本上的「不要緊」那幾個字看來很荒唐。「要緊得很，」她喃喃地說：「我愛他，沒有他我就不能活。」

第二天早上田麗醒來再看到這三個字時，就開始分析自己的情況：到底有多要緊？周雲很重要，自己很要緊，我的快樂也很要緊。自己會希望和一個不愛自己的人結婚嗎？

日子一天天地過去，田麗發現沒有周雲自己也可以生活。田麗想將來肯定會有另一個人進入自己的生活，即使沒有，她也仍然能過得快樂。

幾年後，一個更適合田麗的人真的出現了。在興奮地籌備婚禮的時候，她把「不要緊」這三個字拋到九霄雲外。她不再需要這三個字了，她覺得以後將永遠快樂，她的生命中不會再有挫折和失望了。

婚姻生活和生兒育女不會有挫折失望？這當然不可能。有一天，丈夫和田麗得到一個壞消息：他們投資做生意的所有積蓄全部賠掉了。

田麗看到丈夫雙手捧著額頭，感到一陣淒楚，胃像扭作一團似的難受。田麗想起那句三字箴言：「不要緊。」她心裡想：「真的，這一次可真的是要緊！」

就在這時候，小兒子用力敲打積木的聲音轉移了田麗的注意力。兒子見媽媽看著他，就停止了敲擊，笑了起來，那副笑容真是無價之寶。田麗把視線越過他的頭望出窗外，有兩個小孩正在興高采烈地合力堆沙堡。在後面，田麗家的幾棵槐樹映襯著無邊無際的晴朗碧空。田麗覺得自己的胃頓時舒展，心情也恢復了平和，她感到自己在微笑。她對丈夫說：「一切都會好起來的，損失的只是金錢，實在『不要緊』。」

「不要緊」三個字看似簡單，但是當田麗真正面臨生活中的問題時，便瞭解了這三個字的力量。生命中有很多突發的變故，會給我們的心靈帶來巨大的壓力，很多人會因為這些壓力變得一蹶不振，甚至因此失去生活的勇氣。

每個人的生活都是由無數的小事情組成，如果一個人過多地拘泥、計較小事，那麼他的生活便了無生氣，沒有絲毫樂趣，他觸目所及的必然都是矛盾和衝突。

面對人生中的狂風暴雨，如果我們都能夠對自己說一句「不要緊」，然後平靜地接受它，時刻保持積極的心態，那麼這些人生困難最終都將過去。

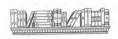

在不盡如意的人生中好好活著

心若改變，你的態度跟著改變；態度改變，你的習慣跟著改變；習慣改變，你的性格跟著改變；性格改變，你的人生跟著改變。

不如意事常八九，可與人言無二三，人生總是如此。世事沒有一帆風順的，撐著不死，還是好好活著，表面看來沒什麼區別，其實質卻大相逕庭。

生活的畫卷已經攤開在你面前，是屈服地背道而行，還是坦然地積極描繪，生活會告訴你不同的答案。

有人說，人的一生之中只有三件事，一件是「自己的事」，一件是「別人的事」，一件是「老天爺的事」。今天做什麼，今天吃什麼，開不開心，要不要助人，皆由自己決定；別人有了難題，他人故意刁難，對你的好心施以惡言，別人主導的事與自己無關；天氣如何，狂風暴雨，山石崩塌，人力所不能及的事，只能是「謀事在人，成事在天」，過於煩惱，也是於事無補。

人活得「屈服」，離道越來越遠，只是因為，人總是忘了自己的事，愛管別人的事，擔心老天的事。所以要輕鬆自在很簡單：打理好「自己的事」，不去管「別人的事」，不操心「老天爺的事」。

大熱天，禪院裡的花被曬萎了。「天哪，快澆點水吧！」小和尚喊著，接著去提了桶水來。「別急！」老和尚說，「現在太陽曬得很，一冷一熱，非死不可，等晚一點再澆。」

傍晚，那盆花已經成了「霉乾菜」的樣子。「不早澆……」小和尚見狀，咕咕噥噥地說，「一定已經乾死了，怎麼澆也活不了了。」

「澆吧！」老和尚指示。水澆下去，沒多久，已經垂下去的花，居然全站了起來，而且生機盎然。

「天哪！」小和尚喊，「它們可真厲害，憋在那兒，撐著不死。」

老和尚糾正：「不是撐著不死，是好好活著。」

「這有什麼不同呢？」小和尚低著頭，十分不解。

「當然不同。」老和尚拍拍小和尚，「我問你，我今年八十多了，我是撐著不死，還是好好活著？」

小和尚低下頭沉思起來。

晚課完了，老和尚把小和尚叫到面前問：「怎麼樣？想通了嗎？」

「沒有。」小和尚還低著頭。老和尚嚴肅地說：「一天到晚怕死的人，是撐著不死；每天都向前看的人，是好好活著。得一天壽命，就要好好過一天。那些活著的時候天天為了怕死而拜佛燒香，希望死後能成佛的人，絕對成不了佛。」

說到此，老和尚笑笑：「他今生能好好過，卻沒好好過，老天何必給他死後更好的生活？」

對於禪院裡的花來說，「和尚沒澆水」雖然很不如意，但那是和尚的事，「好好生長」才是它自己的事，這盆向前看的花，得一天壽命，便好好過一天，真正理解了生命的意義。

哀莫大於心死，撐著活其實就是已經心死。生活在這個世界上時都沒有領悟何為真生命，還能指望他死後會有全新的生命嗎？

做一個好人其實很容易，擁有一個幸福的人生其實也很簡單：「第一是不要拿自己的錯誤懲罰自己，第二是不要拿自己的錯誤懲罰別人，第三是不要拿別人的錯誤懲罰自己。」遵守這「人生幸福三訣」，就不會活得太累。

「不要拿自己的錯誤懲罰自己」，人非聖賢，孰能無過？如果一有過錯，就終日沉浸在無盡的自責、哀怨、痛悔之中，那麼其人生的境況就會像泰戈爾所說的那樣：不僅失去了正午的太陽，而且將失去夜晚的群星。

人們都會為自己的過錯而痛悔，但「不要拿自己的錯誤懲罰別人」，並不是一種很容易達到的境界，它需要「胸藏萬匯憑吞吐」的大器量。「不要拿別人的錯誤懲罰自己」，不讓別人的做法決定自己的人生原則，為別人的錯誤埋單實在不划算。

生活是一件藝術品，每個人都有自己認為最美的一筆，每個人也都有自己認為不盡如人意的一筆，關鍵在於你怎樣看待，有煩惱的人生才是最真實的，同樣，認真對待紛擾的人生才是最舒坦的。

第二堂課

【你希望你是什麼，就是什麼】——積極的自我暗示，讓你更優秀

你想成為什麼樣的人，你就能成為什麼樣的人

人的內心有一種神奇的力量，就是自我的思想，所有人都是自我思想的產物。

「你想成為什麼樣的人，你就能成為什麼樣的人。」無論什麼時候，你都要經常用這句話來鼓勵自己，直到它成為習慣。最終，你會發現，自己真的會成為當初想要成為的那種人。在華沙，一群兒童正在草坪上嬉戲。這時，一個吉卜賽女巫走了過來，她托起一位小女孩的手，仔細看了看說：「你將會世界聞名的！」沒想到，女巫的「預言」竟然應驗了，這個小女孩就是後來的居里夫人。

一位在冷凍廠的工人下班後被鎖在「冷凍庫」裡，第二天人們發現他的時候他已經被「凍死」了，而令人驚奇的是，那天冷凍庫裡根本就沒通電，冷凍庫裡只是常溫！

你或許聽過這些故事，但未必會去想其中的道理。

其實，世上沒有什麼準確的預言，是女巫給了居里夫人一種「成功」的信念；那位工人

則是自己害死了自己，望著被關死的鐵門，心想：「完了，這裡攝氏零下幾十度，我肯定要被凍死了！」這都是「心理暗示」造成的，它能引導人走向成功，也能致人於死。你想成為什麼樣的人，你就能成為什麼樣的人。因為，當你有了一個明確的目標之後，你會產生一種堅定的信念，並且不斷地激勵自己朝著那個目標前進。雖然，不是百分之百你想成為誰就成為誰，但是，它的真正意義在於你對它的信念。因為只要你覺得可能，它就會變成可能。就好像愛迪生發明燈泡一樣，雖然失敗了幾千次，但他還是堅持嘗試，因為他始終相信「可能」，相信自己一定能辦到。

一位著名的科學家曾到一所學校做過這樣一個研究：他對一個班上的一些孩子說，你們是天才，智商非常高。又對另外一些孩子說，你們的智力水準一般。15年後，那些被認為是高智商的孩子果然取得了很高的成就。而那些被認為智力水準一般的孩子成就的確很平凡。後來，科學家發表言論說，那時候他只是隨便說說，其實那些孩子們的智力水準都差不多。那些被認為是「高智商」的孩子之所以能取得不凡的成就，就是因為受到了科學家的暗示——我是「天才」，因而，在日後的生活中，他們時時處處以此為標準來要求自己，並且讓自己不斷地朝著更好的方向發展。而那些「智力水準一般」的孩子，在聽到科學家對自己的評價之後，認為自己智力水準不高，也不可能取得更好的成就，因而也就甘心當一個平凡人，而在日後的生活中，他們也就真的成了一個「平凡人」。

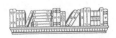

哈佛大學的教授常常在課堂上用上面的這個故事來教育學生：你想要成為什麼樣的人，你就能成為什麼樣的人，並以此來鼓勵學生樹立遠大的目標。

一個年輕的乞丐，終日懶洋洋地斜躺在地上，在他面前放著一個破碗，旁邊還放著一根討飯棍。每天都有很多人從他跟前經過，有的人見他很可憐，就在他的破碗裡丟幾個硬幣。一天，一位律師找到乞丐，對他說：「先生您好，您的一個遠房親戚不幸去世了，留下了3千萬美元的遺產，根據我們的調查，您是這筆遺產的唯一繼承人，所以請您在這份文件上簽個字，這筆遺產就屬於您了。」一瞬間，這個人從一無所有的乞丐變成了富翁。

一位記者採訪他：「您得到這筆3千萬的遺產後，最想要去做的是什麼事呢？」這個人回答說：「我首先要去買一個像樣一點的碗，再去買一根漂亮的棍子，這樣我就可以像模像樣地討飯了。」

故事很可笑，但我們身邊這樣的人數不勝數。有的年輕人因為在工作中表現平凡，就覺得自己以後不會有太大的成就，只能碌碌無為。如果你曾經有過這樣的想法，那麼，不妨從現在開始改變自己，要記住：「你想成為什麼樣的人，就能成為什麼樣的人。」無論什麼時候，你都要經常用這句話來鼓勵自己，直到它成為習慣。最終，你會發現，自己真的會成為當初想要成為的那種人。

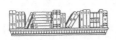

不要急於否定自己

如果人們在失敗或犯錯誤時，只是為了讓自己學到教訓而不停地責怪自己，只會導致他們無法坦然地、從容地應對問題。

經常把「我不行」、「我不能」掛在嘴邊，是一種十分愚蠢的做法。這是因為心理暗示的作用是巨大的，認為自己『不行』就相當於給了自己一個消極的心理暗示，時間長了，你真的會朝著那個方向發展。

這天，哈佛大學心理學教授羅伯特先生接到了一通電話，是一位上高中的女孩打來的。女孩在電話裡跟羅伯特教授談了自己的學業、人際關係，也談了自己和父母的關係。總之，她的談話中心只有一個：「我真的什麼都不行！」她很壓抑，也很痛苦。

「是這樣嗎？」羅伯特教授問。

「是的。我和同學的關係非常不好，大家都不喜歡我。我的學習成績都很普通，老師對我視而不見。媽媽把希望寄託在我身上，我無法滿足她的願望。我喜歡的男孩不再喜歡我了，我的生活裡沒有陽光……」女孩好像對什麼都失去了希望。

「那你為什麼要打這個電話？」羅伯特教授追問。

「不知道，也許是想找個人說說話吧！」女孩繼續說著對自己的負面評價：不會和人打交道；不會聊天；不想上學；幼稚乏味；什麼都不懂……羅伯特教授很納悶：一個女孩為什麼要把自己說得如此不堪呢？

經過進一步的交談，羅伯特教授瞭解到女孩的父母都是老師，因而對她的要求很高，很多都是她無法實現的。在家的時候，父母經常指出她的不足，對她加以指責。慢慢的，女孩就覺得自己什麼都不行。經過一番交談，羅伯特教授終於明白了她的問題所在——缺乏鼓勵！一個人如果長期得不到鼓勵和肯定，生活在被否定的環境中，那結果就會是——自我否定，認為自己真的什麼都不行！

在電話裡，羅伯特教授幫著那位女孩找到了她的許多優點——有上進心、是個懂事的孩子、說話聲音很好聽、很有禮貌、語言表達能力強、做事情認真、能夠和人溝通……「你看看，我們才聊了一會兒，我就發現你有這麼多的優點，你怎麼能說自己什麼都不行呢？」羅伯特教授說。

「這能算優點嗎？沒有人這樣說過呀！」女孩驚訝地說。

「從今天開始，請把你的優點寫下來，至少要寫滿10條。然後，每天大聲念幾遍，你的自信心會慢慢回來。要是發現有了新的優點，別忘了一定要加上去呀！」

女孩高興地答應著，輕鬆地放下了電話。

在第二天的課上，羅伯特教授給他的學生講了這個女孩的故事，說完之後，他很嚴肅地告訴學生：「在我們的身邊，可能也有很多人像那個女孩一樣，覺得自己什麼都不行。但是，我希望你們今天聽了這堂課之後，徹底打消那種念頭，無論什麼時候，在做任何事情之前，都不要急於否定自己。」

「這道題目太難了，我是不可能做出來的。」

「小A又拿了第一名，真是個天才。我什麼時候才能拿到第一啊。算了吧，我的腦子……我不是那塊料，不可能拿第一。」

……

在我們的身邊經常有這樣的聲音，「我不能」、「我不行」甚至成了一些人的口頭禪。你真的不可能拿到第一嗎？不一定。

經常把「我不行」、「我不能」掛在嘴邊，是一種十分愚蠢的做法。這是因為心理暗示的作用是巨大的，認為自己『不行』就相當於給了自己一個消極的心理暗示，你的意識就會接受這個指令，只要你的意識下命令，你的潛意識就不會和你爭辯，它會完全接受這個命令，它像個無知的小孩，聽不懂『玩笑』話，從而『我不行』就會逐漸地滲入到你的潛意識中。時間長了，你真的會朝著那個方向發展。

所以，你永遠不要說「我不行」、「做不好」、「我會失敗」等話。記住：如果你想美好的事情，美好的心態就跟著來；如果你想邪惡的事，邪惡的心態就會跟著來。

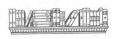

積極的自我暗示，讓你更優秀

如果你讓你的大腦處於一個健康的狀態，你就會得到明顯的心理反應結果。

我們的神經系統是很「蠢」的，你用肉眼看到一件喜悅的事，它會做出喜悅的反應；看到憂愁的事，它會做出憂愁的反應。當你習慣性地想像快樂的事，你的神經系統便會習慣性地讓你擁有一個快樂的心態。所以，我們要對自己進行積極的自我暗示，它會讓你變得更優秀。

美國某大學心理學專業的學生吉姆給自己找了一份兼職——照顧獨居的威爾森太太，並幫她做一些家務。吉姆為人熱忱，做事認真負責，深得老太太的信賴。

這天晚上，老太太敲響了吉姆的門：「吉姆，很抱歉這麼晚來打擾你。我的安眠藥吃完了，怎麼也睡不著覺，不知道你身邊有沒有？」

吉姆睡眠很好，從來就不吃安眠藥，突然他靈機一動，就對老太太說：「上星期我朋友從法國回來，剛好送我一盒新出的特效安眠藥，我這就找出來。您先回去，我一會兒給您送過去。」

老太太走後，吉姆找出一粒維他命，然後送到了威爾森太太的房間，告訴她：「這就是那種新出的特效藥，您吃了之後一定能睡個好覺。」

老太太高興地服下了那粒「特效安眠藥」。

第二天吃早餐的時候，她對吉姆說：「你的安眠藥效果好極了，我昨晚吃完很快就睡著了，而且睡得很好，好久都沒有這麼舒服地睡覺了。那種安眠藥你能不能再給我一些？」

吉姆只好繼續讓老太太服用維他命，直到服完一整盒。事情過去一年多之後，老太太還時常念叨吉姆給她的「特效安眠藥」。

吉姆用一粒維他命就讓老太太進入了夢鄉，這其實就是心理暗示的作用，由於老太太平時對吉姆十分信賴，因此絲毫沒有懷疑吉姆給她的「特效安眠藥」，在強烈的心理暗示的影響下，她產生了服用安眠藥之後才有的效果。

心理學家瑪律茲說：「我們的神經系統是很『蠢』的，你用肉眼看到一件喜悅的事，它會做出喜悅的反應；看到憂愁的事，它會做出憂愁的反應。」研究發現，積極的自我暗示能激發人的巨大潛能，使人變得自信、樂觀。當你習慣性地想像快樂的事，你的神經系統便會習慣性地讓你擁有一個快樂的心態。所以，我們要對自己進行積極的自我暗示，給自己輸入積極的語言，比如，「在我生活的每一方面，都會一天天變得更美好」、「我的心情愉快」、「我一定能成功」等。

日本有位心理學家這樣說：「當我們的頭腦處於半意識狀態時，是潛意識最願意接受意願的時刻，這時來進行潛意識的接收工作是再理想不過的了。」

因此，早晚睡前醒後的時間進行自我暗示是再恰當不過了，你可以躺在床上，每次花上幾分鐘，身體放鬆，進行以下自我心理暗示——描述自己的天賦和能力；想想你成功的景象；用簡短的語言給自己積極有力的暗示。如：

我是一個能做大事的人，我的一生絕不能碌碌無為！

我知道我想要的生活是什麼，我必須實現它！

我是一個堅定的人，沒有什麼能動搖我的決心。

失敗永遠是暫時的，過去的失敗只意味著將來更大的成功！

恐慌是顧慮造成的，我只要拋開雜念，專注於我的目標，就不會再恐慌。

我有巨大的潛能還沒有開發，但是散漫的習慣影響了能力的發揮，一定要克服散漫。

我越相信自己，我的能量就越大。

我完全可以做得比別人更好。

我只要專心致志，就能做好每一件事。

美國心理學家威廉斯說：「無論什麼見解、計畫、目的，只要以強烈的信念和期待進行多次反覆的思考，那它必然會置於潛意識中，成為積極行動的源泉。」

拳王阿里在每次比賽前都會對著鏡頭喊：「我是世界上最好的！」「我是最好的」就是一種積極的自我暗示，事實也許並非如此，但又有什麼關係？反覆運用、經常暗示，你就會接受這種觀點，而永遠充滿自信！

第三堂課

【你比你想像的更優秀】

——每個人都有自己的一份潛能寶藏

每個人都擁有一座潛能的寶藏

我們的內心深處沉睡著許多力量，喚醒這些力量，並對它施以巧妙的運用，就能徹底改變人生。

人的潛能是永遠挖掘不盡的，就像一座永遠也挖不盡的金礦，你可以從這座金礦取得所需的一切東西，如果能喚醒這種潛在的巨大力量，往往會出現奇蹟。

約翰是一名音樂系的學生，這天，他和往常一樣走進了練習室，在鋼琴上，擺著一份全新的樂譜。

「超高難度……」他翻著樂譜，喃喃自語，感覺自己對彈奏鋼琴的信心似乎跌到了谷底。已經3個月了！自從跟了這位新的指導教授之後，約翰不知道教授為什麼要以這種方式整人。他勉強打起精神，開始用自己的十指奮戰、奮戰、奮戰……琴音蓋住了教室外面教授走來的腳步聲。

指導教授是個極其有名的音樂大師。授課的第一天，他遞給約翰一份樂譜。「試試看吧！」他說。樂譜的難度頗高，約翰彈得生澀僵滯、錯誤百出。「還不成熟，回去好好練習！」教授在下課時，如此叮囑約翰。

約翰練習了一個星期，第二周上課時正準備讓教授驗收，沒想到教授又給他一份難度更高的樂譜。「試試看吧！」上星期的課教授也沒提。約翰再次掙扎於更高難度的技巧挑戰。第三周，更難的樂譜又出現了。

這樣的情形持續著，約翰每次在課堂上都會被一份新的樂譜所困擾，然後把它帶回去練習，接著再回到課堂上，重新面臨兩倍難度的樂譜，卻怎麼都趕不上進度，一點也沒有因為上周的練習而有駕輕就熟的感覺，約翰感到越來越不安、沮喪和氣餒。

像往常一樣，教授走進了練習室。約翰再也忍不住了，他必須向鋼琴大師提出這三個月來何以不斷折磨自己的質疑。教授沒開口，他抽出最早的那份樂譜，交給了約翰說：「現在你來彈彈這份樂譜吧！」

不可思議的事情發生了，連約翰自己都驚訝萬分，他居然可以將這首曲子彈奏得如此美妙、如此精湛！教授又讓約翰試了第二堂課的樂譜，約翰依然有超高水準的表現……演奏結束後，約翰怔怔地望著老師，說不出話來。

「如果我不這樣訓練你，可能你現在還在練習最早的那份樂譜，也就不會有現在這樣的程度……」鋼琴大師緩緩地說。

約翰的例子告訴我們：在每個人的身上，都擁有一座潛能的寶藏。我們每個人都蘊藏著巨大的潛在力量，等待著我們去發現、去認識、去開發。這種力量一日引爆出來，將帶給你無窮的信心能量。

美國學者詹姆斯根據她的研究成果說：「普通人只開發了他蘊藏能力的十分之一。與應當取得的成就相比較，我們不過是在沉睡。我們只利用了我們身心資源的很小一部分，甚至可以說一直在荒廢。」沒有人知道自己到底具有多大的潛能，因而沒有人知道自己會有多麼偉大，所以我們應該找尋內心真實的自我，激發自己無窮的潛能。只要你能夠發現並加以利用自己的潛能，你就能比別人更快的實現自己的理想。

將「我不能」埋進墳墓

人類能夠透過大腦中形成的印象控制事件的發展方向。

在這個世界上沒有什麼不可能，只要我們敢想、敢去闖，只要我們有智慧、有毅力，有讓人敬重的品質，那些令人望而生畏的「不可能」就會被我們徹底征服。

貝勒夫人是阿肯色州一所鄉村中學的文學教師，她性格活潑、和藹可親，深受學生愛戴。有一天，她為學生們帶來了別開生面的一節課。她讓學生們在紙上寫出自己不能做到的事。所有的學生都全神貫注地埋頭在紙上寫著。一個10歲的女孩，她在紙上寫下「我無法完整地背出太長的課文」、「我不會騎腳踏車」、「我不知道怎樣才能讓別人喜歡我」……等。她已經寫完了半張紙，卻絲毫沒有停下來的意思，仍然在認真地繼續寫著。每個學生都很認真地在紙上寫下了一些句子，述說著他們做不到的事情。

貝勒夫人也正忙著在紙上寫著她不能做到的事情，像「我不知道如何才能讓孩子的家長都來」、「我不知道怎樣幫助瑪麗提高她對數學的興趣」等。大約過了10分鐘，大部分學生已經寫滿了一整張紙，有的已經開始寫第二張了。

「同學們，寫完一張紙就行了，不要再寫了。」

這時，貝勒夫人用她那習慣的語調宣佈了這項活動的結束。學生們按照她的指示，把寫滿了他們認為自己做不到的事情的紙對折好，然後按順序依次來到老師的講臺前，把紙投進一個空的鞋盒裡。

等所有學生的紙都投完以後，貝勒夫人把自己的紙也投了進去。然後，她把盒子蓋上，夾在腋下領著學生走出教室，沿著走廊向前走。走著走著，隊伍停了下來。貝勒夫人走進雜物室，找了一把鐵鍬。然後，她一隻手拿著鞋盒，另一隻手拿著鐵鍬，帶著大家來到運動場最邊遠的角落裡，開始挖起坑來。

學生們你一鍬我一鍬地輪流挖著，10分鐘後，一個3呎深的洞就挖好了。他們把盒子放進去，然後又用泥土把盒子完全覆蓋上。這樣，每個人的所有「不能做到」的事情都被深深地埋在了這個「墓穴」裡，埋在了3呎深的泥土下面。

這時，貝勒夫人注視著圍繞在這塊小小的「墓地」周圍的31位十多歲的孩子們，神情嚴肅地說：「孩子們，現在請你們手拉著手，低下頭，我們準備默哀。」

學生們很快互相拉著手，在「墓地」周圍圍成了一個圓圈，然後都低下頭來靜靜等待著。「朋友們，今天我很榮幸能夠邀請到你們前來參加『我不能』先生的葬禮。」

貝勒夫人莊重地念著悼詞，「『我不能』先生在世的時候，曾經與我們的生命朝夕相處，您影響著、改變著我們每一個人的生活；有時甚至比任何人對我們的影響都要深刻得多。您的名字幾乎每天都要出現在各種場合。當然，這對於我們來說是非常不幸的。現在，我們已經把您安葬在這裡，並且為您立下了墓碑，刻上了墓誌銘。希望您能夠安息。同時，我們更希望您的兄弟姊妹『我可以』、『我願意』，還有『我立刻就去做』等能夠繼承您的事業。雖然他們不如您的名氣大，沒有您的影響力強，但是他們會對我們每一個人、對全世界產生更加積極的影響。願『我不能』先生安息吧，也祝願我們每一個人都能夠振奮精神，勇往直前！阿門！」

接下來，貝勒夫人帶著學生又回到了教室。大家一起吃著餅乾、爆米花，喝著果汁，慶祝他們解開了「我不能」這個心結。作為慶祝的一部分。

貝勒夫人還用紙剪成一個墓碑，上面寫著「我不能」，中間則寫上「安息吧」，下面寫著這天的日期。貝勒夫人把這個紙墓碑掛在教室裡，每當有學生無意說出：「我不能……」這句話的時候，她只要指著這個象徵死亡的標誌，孩子們便會想起「我不能」先生已經死了，進而去想出積極的解決方法。

面對生活中的困境，很多人都被「不可能」這三個字禁錮著，不敢正視現實中的困難和挑戰，導致自身的潛能不能得到充分的發揮。面對困難，我們不妨試著把「我不能」埋進墳墓，用積極的心態來面對一切，這樣很多困難就可以迎刃而解。

在這個世界上，沒有什麼是不可能做到的。只要你能掙脫「不可能」這個思想上的禁錮，從行動上開始向「不可能」挑戰，那麼你就能把「不可能」變成「可能」。

你比你想像的更優秀

每個人皆有連自己都不清楚的潛在能力。無論是誰，在千鈞一髮之際，往往能輕易解決從前認為極不可能解決的事。

在現實生活中，當一件事被認為是不可為時，我們就會為不可為找到許多理由，例如，我的智商沒有別人高，我吃不了苦，我天生靦腆，不善於和生人打交道……從而使這個不可為顯得理所當然，我們也就當然不會採取積極有效的行動，最終的結果肯定是這件事真的成了不可為之事。事實上，只要勇於挑戰，你就能夠擊敗許多「不可能」，充分地激發出個人潛能。

1796年的一天，德國哥廷根大學，一個很有數學天賦的19歲青年吃完晚飯，開始做導師單獨指定給他的每天例行的三道數學題。

前兩道題他在兩個小時內就順利完成了。第三道題寫在另一張小紙條上：要求只用圓規和一把沒有刻度的直尺，畫出一個正17邊形。

他感到非常吃力。時間一分一秒地過去了，第三道題竟然毫無進展。這位青年絞盡腦汁，但他發現，自己學過的所有數學知識似乎對解開這道題都沒有任何幫助。

困難反而激起了他的鬥志：我一定要把它做出來！他拿起圓規和直尺，一邊思索一邊在紙上畫著，嘗試著用一些超常規的思路去尋求答案。

當窗口露出曙光時，青年長舒了一口氣，他終於完成了這道難題。

見到導師時，青年有些內疚和自責。他對導師說：「您給我指定佈置的第三道題，我竟然做了整整一個通宵，我辜負了您對我的栽培……」

導師接過學生的作業一看，當即驚呆了。他用顫抖的聲音對青年說：「這是你自己做出來的嗎？」

青年有些疑惑地看著導師，回答道：「是我做的。但是，我花了整整一個通宵。」

導師請他坐下，取出圓規和直尺，在書桌上鋪開紙，讓他當著自己的面再做出一個正17邊形。

青年很快做出了一個正17邊形。導師激動地對他說：「你知不知道，你解開了一樁有兩千多年歷史的數學懸案！阿基米德沒有解決，牛頓也沒有解決，你竟然一個晚上就解出來了，你是一個真正的天才！」

原來，導師也一直想解開這道難題。那天，他是因為失誤，才將寫有這道題目的紙條交給了學生。

每當這位青年回憶起這一幕時，總是說：「如果有人告訴我，這是一道有兩千多年歷史的數學難題，我可能永遠也沒有信心將它解出來。」

這個青年就是數學王子高斯。

當高斯不知道這是一道有兩千多年歷史的數學難題，僅僅把它當作是一般的數學難題時，只用了一個晚上就解出了它。高斯的確是天才，但如果當時老師告訴他那是一道連阿基米德和牛頓都沒有解開的難題時，結果可能是另一番情景。

「你比你想像的更優秀」是高斯告訴我們的道理。在現實生活中，有很多困難時時困擾著我們的成長，一些問題之所以沒有能夠解決，也許並不是因為問題本身的難度，而是我們把它想像得太複雜了，而不敢去面對它。在面對困難和挑戰的時候，我們經常不是輸給困難，而是輸給了我們自己，因為我們常常低估了自己的能力。

我們都應該記住一句話：你比自己想像的要優秀！因為我們每個人的潛能是無窮的，我們所見到的只是冰山一角，還有更多的在等待著你去挖掘。所以，你應該多給自己一些肯定，把自己想像得更優秀一點，這樣，你就會變得更加優秀。

給自己一片懸崖，拓展生命的寬度

一個人如果不曾把自己逼到絕境，那麼他永遠都不會知道自己有多優秀。

許多時候，我們需要讓自己置身於命運的懸崖絕壁之上。正是面臨這種後退無路的境地，人才會迸發出所有的能量，拓展生命的寬度。

有一個畢業於某名校的大學生，畢業時被分配到一個讓人們眼紅的政府機關，做著一份愜意的工作。

好景不長，他開始陷入苦悶，原來他的工作雖輕鬆，但與所學專業毫無關係。他可是經濟專業的高才生啊，在機關裡並無用武之地。

他想辭職外出闖天下，卻又留戀眼下這一份舒適的工作。外面的世界雖然很精彩，風險也大啊。無奈之下，他就將自己的困惑告訴了他最敬重的一位長者。長者一笑，給他講了一個故事：

「一個農民在山裡打柴時，拾到一隻樣子怪怪的鳥。那隻怪鳥和出生剛滿月的小雞一樣大小，還不會飛，農民就把這隻怪鳥帶回家給小女兒玩耍。

「調皮的小女兒玩夠了，便將怪鳥放在小雞群裡充當小雞，讓母雞養育著。

「怪鳥長大後，人們發現牠竟是一隻鷹，他們擔心鷹再長大一些會吃雞。然而，那隻鷹和雞相處得很和睦，只是當鷹出於本能飛上天空再向地面俯衝時，雞群會產生恐慌和騷亂。

「漸漸的，人們越來越不滿，如果哪家丟了雞，便會首先懷疑那隻鷹——要知道鷹終歸是鷹，生來是要吃雞的。大家一致強烈要求：要嘛殺了那隻鷹，要嘛將牠放生，讓牠永遠也別回來。因為和鷹有了感情，這一家人決定將鷹放生。

「誰知，他們把鷹帶到很遠的地方放生，過不了幾天那隻鷹又回來了。他們驅趕牠不讓牠進家門，他們甚至將牠打得遍體鱗傷……都無法成功。

「後來村裡的一位老人說：『把鷹交給我吧，我會讓牠永遠不再回來。』老人將鷹帶到附近一個最陡峭的懸崖絕壁旁，然後將鷹狠狠向懸崖下的深澗扔去。那隻鷹開始如石頭般向下墜去，然而快要到澗底時牠終於展開雙翅托住了身體，開始緩緩滑翔，最後輕輕拍了拍翅膀，就飛向蔚藍的天空。牠越飛越自由舒展，越飛越高，越飛越遠，漸漸變成了一個小黑點，飛出了人們的視野，再也沒有回來。」

聽了長者的故事，年輕人似有所悟。幾天後，他辭去了公職外出打拚，終有所成。

其實我們每個人又何嘗不像那隻鷹一樣，總是對現有的東西不忍放棄，對舒適的生活戀戀不捨？一個人要想讓自己的人生有所轉機，就必須懂得在關鍵時刻把自己帶到人生的懸崖，給自己一片懸崖其實就是給自己一片蔚藍的天空啊。

人只有面對壓力時，才能最大限度地激發自己的潛能。每個人都有惰性，都貪戀暖暖的被窩，都想過安逸的生活，但是，心理學研究發現，當生活遭遇逆境，人的精神和情緒高度緊張的時候，往往能夠迸發出比平常多很多倍的能量。孟子說「生於憂患，死於安樂」，只有在逆境中人才能把壓力變成動力，才能被激發出更大的潛能與鬥志，為改變現狀及抗爭命運做出永不停歇的努力與拚搏。越是處於安逸狀態下的人，越容易被一時的安逸與舒適所麻痹，逐漸喪失自我努力與進取的動力與信心。

很多時候，我們因為不能忘記成功的過去，不忍放棄已有的東西，不能拋開安逸的生活，畏首畏尾地不敢向自己挑戰，便不能有成功的輝煌。而給自己一片懸崖，毅然決然地斬斷自己的退路，讓自己置身於命運的懸崖絕壁之上，你就會發現你得到了一片天空。

給自己一片沒有退路的懸崖，從某種意義上來說，是給自己一個向生命高地衝鋒的機會。

第四堂課

【聽從召喚，回應自我】——讓你的感覺指引你做每件事

吸引力法則——關注什麼就會吸引什麼

你專注的東西會變大，當你專注於生活中的好事，你就能創造出更多的好事，機會、戀情，甚至金錢都會向你傾滾來。

你身上發生的一切事情，無論好壞，都是你自己的思維和想法吸引來的，你的思想時刻發射出某種資訊，影響了你周圍的事物，促使它們朝著你想要的方向發展。

在生活中，你想要什麼，你便會得到什麼。我們每個人都是一個活磁鐵，我們生命中的財富、成功、幸福、健康都是我們吸引而來的，同樣，一個人之所以失敗、貧窮，也是因為他內心吸引的結果。這便是吸引力法則。

也就是說，在日常生活中，你最關注的事物往往最有可能出現在你的生活中。仔細想想，這個法則似乎不合常理——我們每一個人都希望自己擁有健康和幸福生活，但是事實並非如此。而這也不能說明吸引力法則就失效了。相反，如果我們真的專注於某事，那它發生的機率一定會大大提高。

很多人之所以沒有過上他們「希望」的美好生活，主要是因為他們通常並沒有專注於擁有這些事物——而是專注在他們沒有這些事物上。

這從另外一個角度闡釋了吸引力法則的正確性——「關注什麼就會吸引什麼」。如果你專注於自己如何獲得健康，如何獲得財富，如何快樂地生活，那麼你的生活將會充滿希望。

如果你渴望獲得什麼，那麼請你首先想像一下獲得它之後的感受，這是你吸引它們的唯一途徑。然後，你要讓自己相信，你一定能擁有這一切，你也值得擁有這一切。最後，你要時刻專注於上述積極的想法和感受。

福特有一句名言：「無論你認為你行或者不行，你都是對的。」

思想決定現實，一個人想什麼，他就會做什麼，最後他就會得到什麼。吸引力法則強調個人的主觀能動性，特別是強調人的思想和信念對事件結果擁有決定性的影響。要想改變結果，就必須改變思想。

要牢記「寶藏在哪裡，心就在哪裡」，人的意圖統治著人的注意力。

一個擁有堅定信念，並且充滿自信的人，其本身所說的話就是堅強有力的，並且可以增強可信度，感染他人，以至於人們在你所說的每一句話裡都無意識地感覺到：「一個人的天賦將為他自己創造發展的空間，並把它帶到偉人的面前。」只要擁有堅定的信念，你就能找到你的天賦，然後你的天賦會極大地提升你，並把成功的桂冠戴在你的頭上。

只要相信有些事情是可能的，那麼不可能也會變成可能。過去的偉大發明都是那些最有信心的人開創出來的。他們的信念強烈地刺激著他們的行動和思想等。當信念透過實際行動而得到支持時，它就會帶來可觀的成果。這便是吸引力法則——一個亙古不變的宇宙法則。

想像中的行動，有助於實際中行動效果的提高

你決意做任何事，只要命令到位，潛能量必然會帶給你相應的成就。

日常生活中，我們常常對別人說：「祝你心想事成！」可是你知道嗎？「心想事成」是有科學依據的。

心理學家指出，如果你想要完成一件事情，你必須首先在內心認識這個事物，然後才能著手去完成它。當你在內心裡「看到」一個事物時，你的內在「創造性機制」就會自動把任務承擔起來，其完成這項工作的成效要遠遠勝過你有意識的努力或者「意志力」（可稱為「超意志力」）。因此，在做一件事情時，不要過分地用有意識的努力或鋼鐵般的意志力去施加影響，也不要過分擔心，總是疑心自己所做的一切的正確性。應當放鬆神經，在心裡想著你真正要達到的目標，然後「讓」你的創造性成功機制來承擔任務。這樣，心裡想著你要達到的目標，最終將迫使你運用「積極思維」。這樣，你就能「心想事成」。但是你並不能因為心裡想著「做這件事」而不做努力或停止工作，你的努力要用來驅使你向目標邁進，而不是糾

纏在無謂的心理衝突之中。

為什麼「心想事成」會實現呢？這是由於神經系統無法區分實際的經驗和生動想像得出的經驗，因而心理的圖像便給我們提供了一個實踐機會，我們可以透過想像把新的方法「付諸實踐」。

曾有報導刊登過一個實驗，證明了心理練習能夠改進投籃的效果。

第一組學生在20天內每天花20分鐘練習實際投籃，把第一天和最後一天的成績記錄下來。

第二組學生也記錄下第一天和最後一天的成績，但在此期間不做任何練習。

第三組學生記錄下第一天的成績，然後每天花20分鐘做想像中的投籃。如果投籃不中時，他們便在想像中做出相應的糾正。

實驗結果：

第一組每天實際練習20分鐘，進球增加了24％；

第二組因為沒有練習，所以沒有什麼進步；

第三組每天想像練習投籃20分鐘，進球增加了26％。

這個實驗證明，心理圖像能夠改進人們的行為。

既然心理圖像有如此神奇的功效，那麼，我們如何練習呢？

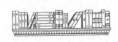

每天騰出30分鐘時間，獨自一人，排除干擾，儘量放鬆，使自己感到舒適。然後閉上眼睛，鍛鍊想像。

需要記住的是，在這30分鐘內，你要看到自己的行動和反應是適當的、成功的和理想的。昨天的行為如何，這無關緊要，你也不必期望明天會有理想的行動，你的神經系統到時候自然會負起責任——如果堅持練習下去的話。想像你在按照你希望的那樣行動、感受和「存在」。如果你比較羞怯，害怕在大庭廣眾之下表現自己，那麼請你想像你出席了一個盛大的活動，並在大眾面前發表了演講，你表現得很從容，你因此而感到很愜意。透過這種練習，在你的頭腦和神經中樞系統建立起新的「記憶」或者存儲資料，並建立起一個新的自我意向。在練習進行一段時間後，你會驚奇地發現，你的行為「完全不同」了，多多少少有一些自動和自發性——你毫不費力地改變了自己以前的行為，這是必然的。如果你不「進行思考」或「努力」達到無效的感覺和不適當的行為，而且這些不適當的感覺和行為是自動的和自發的，是因為你在自動機制裡建立的記憶本身就是不適當的，自動機制不管接受肯定的還是否定的思想與經驗，都會自動地進行工作。

現在，你終於明白「心想事成」的科學依據了吧。那還等什麼呢？從現在開始，趕快行動吧！

興趣在哪裡，成功就在哪裡

一切有成效的工作都是以某種興趣為先決條件的。

達爾文是英國著名的生物學家、進化論的奠基人。他曾進行過5年的環球旅行，對大自然有著深刻的瞭解，寫下了對生物科學研究具有重大作用的《物種起源》一書。

達爾文小時候就對周圍環境非常感興趣，特別喜歡鑽研問題。

一天，小達爾文跟著父親到花園裡散步，花壇裡盛開著五顏六色的花，美麗極了。他見其他花有好多種顏色，而報春花只有黃色和白色兩種，就對父親說：「爸爸，要是報春花也有很多種顏色，那該多好呀！」

父親笑著說：「你這個小幻想家，好好努力，我相信你一定能想出好辦法。」

過了幾天，小達爾文對父親說：「我已經想出了一個非常好的辦法，我要變一朵紅色的報春花送給你。」

父親隨口應道：「好好好，我的小寶貝，你去變吧，變出來的話，它將是我們英國第一朵紅色的報春花。」

又過了幾天，小達爾文大聲喊著跑到父親面前，把手伸到父親跟前說：「爸爸，你快看呀！」

父親一看，兒子手裡捧著的果然是一朵火紅色的報春花，美麗極了。

「小寶貝，你是怎麼變出來的？」父親驚奇地問。

「研究出來的啊！」小達爾文驕傲地說，「你曾經說過，花每時每刻都在用根吸水，並且把水傳到身體的各個地方去，於是我就想讓報春花喝些紅色的水，傳到白色的花朵上，那麼花不就會透出紅顏色來了嗎？昨天，我折了一朵白色的報春花，把它插到紅墨水裡，今天它就變成紅色的了！」父親把兒子抱起來，親了又親。

由於達爾文對大自然有著濃厚的興趣，經過孜孜不倦的探索，他後來終於成了一名偉大的生物學家。

一個人要想獲得成功，就必須培養自己對某一事物濃厚的興趣。

在心理學上，興趣是指一個人力求認識某種事物或愛好某種活動的心理傾向，這種心理傾向是和一定的情感聯繫著的。「我喜歡做什麼？我最擅長什麼？」一個人如果能根據自己的興趣去設定事業的目標，他的積極性將會得到充分發揮，即使在工作中歷盡艱辛，也總是興致勃勃、心情愉快；即使困難重重也絕不灰心喪氣，而能想盡一切辦法，百折不撓地去克服它，甚至廢寢忘食，如癡如醉。

愛迪生就是個很好的例子。他幾乎每天都在實驗室裡辛苦工作十幾個小時，在那裡吃飯、睡覺，但他絲毫不以為苦。「我一生中從未做過一天工作。」他宣稱，「我每天其樂無窮。」難怪他會成為一位傑出的人士。

對很多人來說，要發現自己擅長做什麼，是比較困難的，因為他們寧可相信別人，也不相信自己。其實，不必看輕自己，要相信你的能力是獨一無二的。社會上大多數的人，只會羡慕別人，或者模仿別人做的事，很少有人去認清自己的專長，瞭解自己的能力，然後鎖定目標，全力以赴，所以不能夠成大事。

如果你用心去觀察那些成大事者，會發現他們幾乎都有一個共同的特徵：不論才智高低與否，也不論他們從事哪一種行業，擔任何種職務，他們都在做自己最擅長的事。

發現並且判斷自己的興趣所在，有時需要一定的時間，所以傑出人士通常會透過對自己以往經歷的回顧，將自己的興趣歸於某種興趣類型，然後以此為基礎為自己的將來定位。一般說來，一個人的興趣在哪裡，成功也就在哪裡。因為只有濃厚的興趣才能幫助你自己身體裡原有的才能發揮到極致。

第五堂課

【努力成全一個完整的內心】——精神世界也要曬曬陽光

憂鬱，心靈上的一次「流感」

人們傾向於將不好的想法從意識中趕走，趕到潛意識中去。

憂鬱是禁錮人心靈的枷鎖，困擾著人們，使人不能在現實的世界中調適自我，只能漸漸地退縮到自己的小天地裡，以逃避憂鬱。

佳佳是家中的獨生女，父母都是知識份子，對她抱有極高的期望。因此，佳佳從小受到的教育要比別人多些，智力開發也比別人早些，學習成績一直很好，每次考試都很優秀。

但是，期中考試時，佳佳患了重感冒。由於身體不適，精神不振，再加上心情緊張，有一科沒考好，受此影響，後面的其他科考試成績也不理想。儘管佳佳沒有考好，但是爸爸媽媽沒有責怪她，反而鼓勵她，但佳佳仍然不開心。從那之後，她開始變得沉默寡言、悶悶不樂，有時候明顯的精神不振，一副沒睡醒的樣子，在家唸書時也打不起精神。媽媽還發現，自那之後，佳佳的飯量明顯地比以前減少了。

這幾天，佳佳總說自己不舒服，不想去上學，媽媽要帶她去醫院，她也顯得很不耐煩，不肯去。媽媽沒辦法，只好幫她跟老師請了假。在家裡，佳佳也只是悶在自己的小房間裡，只有吃飯的時候才出來。

媽媽看到佳佳這個樣子很心疼，於是打了個電話給班導師，詢問近期佳佳的情況。老師告訴媽媽，自從期中考試之後，佳佳就像是變了個人似的，整天沉默寡言、悶悶不樂的，下課也不和同學們一起玩耍，上課的時候還經常走神，學習成績也開始下降。

事實上，佳佳是陷入了憂鬱情緒。在日常生活中，我們難免有不開心的時候，比如考試沒考好、失去了親人、做錯了事情、遭到了老師的批評，甚至是同學之間的小摩擦，這時我們往往會感到失落和無助、自責或內疚，因而情緒低落、沮喪，這就是憂鬱。

與一般的悲傷反應不同，憂鬱比悲傷，也比痛苦、羞愧、自責等任何一種單一的負面情緒更為強烈和持久，給人帶來的影響更深重。

憂鬱是一種很普遍的情緒，可以說人的一生總有某段或長或短的時間生活在憂鬱之中。處於憂鬱狀態的人，如果能進行調節，積極面對所遭遇的現實，接受喪失與悲傷的現實，就有可能克服憂鬱情緒，重新適應環境，恢復正常的生活。

遺憾的是，許多人並沒有意識到憂鬱的危害，不能積極調整心態，長期（一般在3個月以上）籠罩在憂鬱的陰影下無法自拔，影響到正常生活的能力，這時他們就是患上了憂鬱症。因此，哈佛教授常常告誡自己的學生：要及時地調節自己的不良情緒。

近年的醫學研究發現，憂鬱症是最常見的心理疾病，在全世界的發病率約為11％，所以有人把它稱為「心靈的感冒」。從其高發病率和發生的不可預測性來說，這個比喻還算貼切，但是從它的危害來看，它比感冒卻要嚴重得多，需要引起人們更多的重視。研究發現，大約有12％的人在一生中會經歷比較嚴重的憂鬱症。在總統競選失敗以後，老布希曾經得了兩個月的憂鬱症；在與陸文斯基桃色新聞沸揚的日子裡，柯林頓靠服用「百憂解」度過精神的危機……由此我們可以看出，不管你是平民百姓，還是成功人士，世界上沒有一個人對憂鬱症有免疫力。所以，對於憂鬱症，我們要打足了十二分的精神對待它。

別讓憂鬱遮蓋了青春的五彩斑斕

完美主義者習慣不斷地搜尋和挖掘自己的缺陷，而這不但會使他們有低自尊的傾向，還會引發憂鬱症。

人生難免遭受挫折，總會遇到這樣那樣的不如意。面對生命中的這些難題，我們應該積極應對，走出陰霾，不要讓憂鬱遮蓋了青春的五彩斑斕。

小靜是個多愁善感的女孩，常會為了一些平常的小事掉眼淚，一本煽情的小說、一部感人的電影，或是家裡的小寵物生病了，都會使她非常難過。爸爸媽媽見到她這樣，告訴她：「你要是經常傷心的話，會很容易生病的。」誰知道，聽到父母這樣說，小靜的眼淚就不由自主地流了下來。

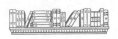

如今，小靜上初三了，馬上就要考高中了，她變得更加容易憂傷了。因為她比較喜歡文學，而對數理化各科均不感興趣，一到數理化考試，小靜就很頭痛，而考試結果更是讓脆弱的小靜難以接受。

同時，爸爸最近的表現也令小靜感到很煩惱，她覺得爸爸不再像以前那麼愛她了。以前，小靜總是喜歡鑽進爸爸的懷裡撒嬌，可是現在她要是這麼做，爸爸就會說：「小靜，你已經長大了，不能總在爸爸的懷裡撒嬌。」小靜便認為爸爸不再愛自己了。她每天都覺得不開心，心情就像陰沉沉的天空，說不定何時就會下起雨來。

雖然心中有很多苦惱，但是小靜從來不對別人講，只是把它們深深地埋在心底。她覺得沒有人能夠體會到她的憂傷，而且還常常為此而偷偷地掉眼淚。由於心情很差，休息也不好，小靜的身體越來越差，有一天上課的時候，她竟然暈倒在課堂上。老師和同學將她送進了醫院，醫生給小靜做出了診斷結果：青春期憂鬱症。

青春期原本應該是五彩斑斕的，但是憂鬱卻讓青春期蒙上了一層陰影。在我們的生活中，總會遇到諸如成績下降、生病難受、父母離異、家庭窘迫等情況，這時很多人都會產生悲觀失望、憂鬱焦慮等情緒。面對這種情況，我們應進行積極的心理調適，走出陰霾。以下八種方法，你不妨一試。

第一，沉著冷靜，不慌不怒。從客觀、主觀、目標、環境、條件等方面，找出受挫的原因，採取有效的補救措施。

第二，移花接木，靈活機動。原先的預期目標受挫，可以改用別的途徑達到目標，或者改換新的目標，獲得新的勝利，即「失之東隅，收之桑榆」。

第三，自我寬慰，樂觀自信。能容忍挫折，心懷坦蕩，情緒樂觀，發憤圖強，滿懷信心去爭取成功。

第四，鼓足勇氣，再接再厲。要勇往直前，加倍努力，要認識到正是生命中的種種不順利才使我們變得聰明和成熟。

第五，情緒轉移，尋求昇華。可以透過自己喜愛的集郵、寫作、書法、音樂、舞蹈、體育鍛鍊等方式，使情緒得以調適、情感得以昇華。

第六，學會宣洩，擺脫壓力。找一兩個親近的人、理解你的人，把心裡的話全部傾吐出來，擺脫壓抑狀態，放鬆身心。

第七，學會幽默，自我解嘲。幽默和自嘲是宣洩積鬱、平衡心態、製造快樂的良方。我們不妨採用阿Q的精神勝利法或幽默的方法來調整心態。

第八，必要時求助於心理諮詢。當自己無法獨自走出心理陰霾時，不妨求助於心理諮詢機構。

多愛自己一點，做自己最好的朋友

別忘記一定要愛自己，而且是深深地愛。

青春本該是無憂無慮的，青春期的孩子都有著最純真的笑容和最年輕無畏的心。但是，14歲的凱瑞卻不這麼認為，她在心裡埋怨著這「煩惱的花季」。自從進入中學之後，凱瑞就從來沒有開心過，每天都有做不完的作業和練習題。除了老師規定的作業，父母還專門給她請了鋼琴老師教她彈琴。凱瑞也曾向父母抗議，但是父母根本沒有理會她。

看著夥伴們在外面自由自在地玩耍，凱瑞卻只能一遍又一遍地彈著練習曲，她的情緒越來越低落，常常一整天一言不發，不與同學交談。因為很少見到她笑，同學們送給她「冰山美人」的稱呼。凱瑞開始喜歡孤獨，常常莫名其妙地流眼淚……

凱瑞在各種壓力的重壓下，陷入了憂鬱的漩渦。

面對壓力時，堅強的人可以平穩地度過，而一些心理脆弱的人往往容易誘發憂鬱情緒，甚至患上憂鬱症。如果可以像鐵匠那樣，開朗樂觀，把問題換個角度想，那麼你就能遠離憂鬱的折磨。

有個鐵匠，把一根鐵條放進炭火中燒得通紅，然後把它取出來放在鐵砧上敲打，希望打磨成一把鋒利的劍。

完成之後，他覺得不是很滿意，就把劍送進炭火中，然後把劍再打扁一點，讓它成為種花的工具，但完成後他還是覺得不滿意。就這樣，他反覆把鐵條打造成各種工具，卻全都失敗了。

最後，他從炭火中拿出火紅的鐵條，把它插進水桶中，在一陣嘶嘶的聲響過後，鐵匠面帶喜色地說：「哈哈！起碼我能把這根鐵條弄出嘶嘶的聲音。」

憂鬱是一種心理狀態，它是人性的一部分。在情緒不好的時候，在需要向別人傾訴的時候，千萬不要一個人獨自默默地承受。

日常生活中，也許你會因為沒有做好一件事情而焦躁不安，甚至深深自責。其實你大可不必如此，你可以換一種方式重新再試一次。你可以將大事分割成小事，並規定自己一次只做一件，這樣完成一件事情就會變得容易很多。

當自己處於困境，或表現不好時，你可以慢慢對自己說：「我已經盡力了，結果雖然和自己想像的有距離，但是肯努力就是一種進步，慢慢來，千里之行，始於足下。」這樣，漸漸地你就會擺脫憂鬱情緒的困擾。

同時，足夠的信心對克服憂鬱症也是十分關鍵的。生活中，不少已經克服了憂鬱症的患者依然惴惴不安，總是擔心憂鬱症復發。自己心情稍有波動，就會誤以為是憂鬱又找上了自己。不要以為憂鬱症總會復發，那樣會給自己的心理造成一種消極暗示。

憂鬱者常常會選擇與孤獨相伴，這樣只會讓自己在孤獨中更加感到空虛、茫然。所以，你應該主動和人接觸，不要總把自己封閉起來。你可以選擇找自己信得過的朋友聊聊天，或多參加有益的活動等。

既使是酸澀的檸檬也能把它變成一杯甘甜的檸檬汁

微笑，昂首闊步，做深呼吸，嘴裡哼著歌。倘使你不會唱歌，吹吹口哨或用鼻子哼一哼也可。如此一來，你想讓自己煩惱都不可能。

有一個總經理脾氣非常暴躁，對部屬要求十分嚴苛。有一天，部屬拿了一份公文進去，只聽見總經理大發雷霆，罵道：「你寫的是什麼東西，我看只有國中程度！」不久，那位部屬快步出來，居然還面帶笑容。他對一臉錯愕的同事解釋：「你們看我進步多快，昨天總經理才罵我只有小學程度，今天我就有國中程度了。」

挨罵的部屬，在隱約中已經透露出總經理愛亂罵人的個性，曾罵過些什麼，他自己也記不得了。

人生在世，能夠快快樂樂、開開心心過一生，相信這是每個人心中的一個夢。然而，尼采卻說：「人生就是一場苦難。」的確，誰都無法讓我們心想事成、無憂無慮地過一輩子。

事情和境遇當然無法改變，掌控在我們自己手中的只有心態。

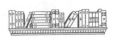

人生路上，總會有些不如意，總會有些無奈，而幽默這種特殊的情緒表現，可以淡化人的消極情緒，消除沮喪和痛苦，讓我們脫離尷尬或痛苦的窘境，讓我們的身心在沉重的壓力下得到鬆弛和休息。

俄國文學家契訶夫說過：「不懂得開玩笑的人，是沒有希望的人。」具有幽默感的人，生活充滿情趣，許多看來令人痛苦煩惱的事，他們卻應付得輕鬆自如，從而使生活重新變得趣味盎然。

西方人有一句意義深遠的妙語：「當人生給你酸澀的檸檬時，你就把它榨成一杯甜美的檸檬汁。」中國也有一句相似的歇後語：「含著黃連吹口哨——苦中作樂。」幽默能有力地戰勝苦難，化解恨意，排除幽怨。擁有幽默感的人，能隨意抓住事情富於趣味的一面，而不怨天尤人、自尋煩惱。

幽默就是這樣，它可以使你開心，使你的精神超脫塵世的種種煩惱；它可以使你增加活力，使你的生活多一點情趣；它可以使你令人難忘，同時給人友愛與寬容；它可以使你更加樂觀、豁達——不僅如此，幽默還可以潤滑嚴酷的現實，超越其他方法所無法超越的限制。

我們生活在世上，承受著巨大的生存壓力。我們要面對工作的壓力；要維持自身和家庭的生活水準；要時時提防天災人禍的發生，面對著生老病死的困擾，我們要和形形色色的人打交道……如果我們不懂得調適自己，苦惱、憂愁、煩躁、憤怒、痛苦……這些不良的情緒就會嚴重地損害我們的身體和精神。就像老話說的：「愁一愁，白了頭。」而最好的自我調適方法，就是笑，或者說幽默。

要在這個世界上活著，要活得幸福、活得健康、活得快樂，最好的方法，就是笑。笑，是日常生活的安全閥，它可以減輕或除去有損健康的不良情緒，它讓我們懷有與人為善之心，讓我們在沉重的壓力下得到休息，它也讓生命變得趣味盎然……

第六堂課

【你是境遇的主人，而非犧牲者】——別樣的信念，別樣的人生

信念使你無往不勝

信念即自我實現的預言。

在這個世界上，信念這種東西任何人都可以免費獲得，所有的成功者，最初都是從堅守一個小小的信念開始的。只要心中有了信念，就沒有闖不過的「火焰山」，沒有戰勝不了的艱險。

有一個小男孩在大街上玩耍時，不小心被迎面而來的汽車撞倒了。由於搶救不及時，雖然躲過了死神，他的胳膊卻被截肢了。當時男孩才5歲多，他並沒有發覺自己與他人有什麼不同。可是，到了讀書的年齡，他發現自己不能像其他小夥伴那樣用手靈活地翻書、寫字，並因此被拒於校門外。

每天早晨，男孩看著夥伴們興高采烈地從他家門前經過走向學校，他總是十分傷心地問媽媽：「媽媽，我沒有手，我不能上學，怎麼辦呢？」

媽媽的心裡似打翻了五味瓶，只能充滿憐愛地撫摸著他的頭安慰說：「孩子，不要緊的，只要你堅持鍛鍊，你的手還會再長出來的。」

聽了媽媽的話，小男孩又露出了天真燦爛的笑靨。在媽媽的幫助和指導下，他天天刻苦鍛鍊，學著用腳洗臉、吃飯、寫字，能自己做的事情就不讓媽媽幫忙。男孩滿懷憧憬，他堅信只要努力練習，手還會再長出來。他一直牢記媽媽的話。

幾年過去了，小男孩每天都刻苦鍛鍊，但是，他的手還是沒有長出來。他有些不甘心地問媽媽：「媽媽，我的手怎麼還沒有長出來呀？是不是我練得不夠刻苦？」

這一次，媽媽很認真地看著孩子的眼睛說：「傻孩子，現在你看看別人用手做的事情，你有什麼不會做呀？」

「是的，連我的腳都會做，還比同學們的手做得還要好呢。」小男孩自豪而得意地說。

「那你說你的手長出來了沒有？記著，孩子，每個人都有一雙有力的手，而這雙手就在你的心裡，只要你願意，它就能幫助你戰勝一切困難和不幸。」男孩終於明白了，媽媽的確沒有騙他，經過千錘百鍊的手永遠也不會斷，它長在人心裡。

這其實就是信念，當你對一種事物產生了一種強烈的欲望時，就會在心裡產生一種信念，正是這種信念，使你無往不勝，可以戰勝一切恐懼。

在心理學上，信念是指人們對基本需要與願望強烈的堅定不移的思想情感意識。信念是意志行為的基礎，是個體動機目標與其整體長遠目標的統一，沒有信念人們就不會有意志，更不會有積極主動的行為。信念是一種心理動能，其行為上的作用在於透過內在的一種能量激發人們潛在的精力、體力、能力、智力，以實現與基本需求、欲望、信仰相適應的行為志向。

信念能夠讓人變得堅強，缺少了信念的人，很難經受住各種打擊。在這個世界上，沒有任何一種力量能像信念這樣深深影響我們的生活。人生到底是喜劇收場還是悲劇落幕，是成功輝煌還是黯然神傷，全在於你抱著什麼樣的信念。一個沒有信念的人，就好比少了馬達的汽艇，注定要在汪洋中沉沒。

信念是汲取不盡的力量

一個人一旦全身心投入，就會觸動冥冥中的天意，所有意料之外的幫助都會湧來幫助它成功。

信念是人人可以汲取的力量源泉，而且取之不盡。只有堅持自己信念的人，才能找到人生的意義，才能活出屬於自己的精彩。

一位名叫希瓦勒的鄉村郵遞員，每天徒步奔走在各個村莊之間。有一天，他在崎嶇的山路上被一塊石頭絆倒了。他發現，絆倒他的那塊石頭樣子十分奇特，他拾起那塊石頭，左看右看，有些愛不釋手了。於是，他把那塊石頭放進自己的郵包裡。村子裡的人們看到他的郵包裡除信件之外，還有一塊沉重的石頭，都感到很奇怪，便好意地勸他：「把它扔了吧，你還要走那麼多路，這可是一個不小的負擔。」

他取出那塊石頭，炫耀地說：「你們看，有誰見過這麼美麗的石頭？」

人們都笑了：「這樣的石頭山上到處都是，夠你撿一輩子。」

回到家裡，他突然產生了一個念頭，如果用這些美麗的石頭建造一座城堡，那將是多麼美麗啊！於是，他每天在送信的途中都會找幾塊好看的石頭。不久，他便收集了一大堆，但離建造城堡的數量還差得很遠。於是，他開始推著獨輪車送信，只要發現中意的石頭，就會裝上獨輪車。此後，他再也沒有過上一天安閒的日子，白天他是一個郵差和一個運輸石頭的苦力，晚上他又是一個建築師。他按照自己天馬行空的想像來構造自己的城堡。所有的人都感到不可思議，認為他的大腦出了問題。

20多年以後，在他偏僻的住處，出現了許多錯落有致的城堡，有清真寺式的、有印度神教式的、有基督教式的……當地人都知道有這樣一個性格偏執、沉默不語的郵差，在做一些如同小孩堆沙堡的遊戲。

1905年，美國波士頓一家報社的記者偶然發現了這群城堡，這裡的風景和城堡的建造格局令他慨嘆不已，為此寫了一篇介紹希瓦勒的文章。文章刊出後，希瓦勒迅速成為新聞人物。許多人都慕名前來參觀，連當時最有聲望的大師級人物畢卡索也專程參觀了他的建築。在城堡的石塊上，希瓦勒當年刻下的一些話還清晰可見，有一句就刻在入口處的一塊石頭上：「我想知道一塊有了願望的石頭能走多遠。」據說，這就是當年那塊絆倒過希瓦勒的第一塊石頭。

其實有了願望的不是石頭，而是我們內心中的一股強大的信念，這個信念就是要過自己嚮往的生活。哈佛學子之所以不平凡，是因為他們能夠清醒地認識到一點：當一個人有了夢想以後，任何困難都是微不足道的。

人的一生會有各種各樣的理想，我們活著就是來完成這些理想的。在這個充滿機遇和風險的世界，不斷給自己加油，並為之不懈努力，是獲得成功的秘訣。我們要時刻具有信念，因為它會像叮在我們身上的馬蠅一樣，促使我們在困難面前永不妥協，在強勢對手面前永不退縮。有了堅定的信念，我們將永保活力、永保青春。

無論怎樣絕望，都要保持一份信念

沒有痛苦，就沒有意識的喚醒。

信念和希望是生命的維繫，這個世界上，只要你始終存有一份堅定的信念，那麼就沒有人能夠使你倒下。每個人都可以擁有信念，引領自己創造奇蹟。

一隊人馬在杳無人煙的沙漠中跋涉，他們已經在沙漠中走了很久。太陽熱辣辣的，隨身帶的水已經不多了，他們隨時都會有生命危險。最後，大家都走不動了。

這時候，領隊的老者從背上解下一只水桶，對大家說：「現在只剩這一桶水了，我們要等到最後一刻再喝，不然大家都會沒命的。」

他們繼續著艱難的行程，那桶水成了他們唯一的希望，看著沉甸甸的水桶，每個人心中都有了一種對生命的渴望。但天氣太炎熱了，有的人實在支撐不住了。

「老伯，讓我喝口水吧。」一個小夥子乞求著。

「不行，這水要等到最艱難的時候才能喝，你現在還可以堅持一下。」老者生氣地說。就這樣，他堅決地回絕每一個想喝水的人。

一個黃昏，大家發現老者不見了，只有那只水桶孤零零地立在前面的沙漠裡，沙地上寫著一行字：「我不行了，你們帶上這桶水走吧，要記住，在走出沙漠之前，誰也不能喝這桶水，這是我最後的命令。」

大家抑制著內心的巨大悲痛，繼續出發了，那只沉甸甸的水桶在每個人手裡依次傳遞著，但誰也捨不得打開喝一口，因為他們明白這是老者用自己的生命換來的。

終於，大家頑強地穿越了茫茫沙漠。他們喜極而泣，這時想到了老者留下的那桶水，打開桶蓋，裡面流出的卻是沙子。

心理學家經常告訴我們：信念和希望是生命的維繫。很多時候，打敗自己的不是外部環境，而是自己。只要一息尚存，就要追求，就要奮鬥。無論你的處境是多麼的絕望，也要在心底保持一份信念。因為信念能使人釋放出幾近神奇的力量。只要信念還在，只要希望永存，命運終會讓步。

15世紀中葉的一個夏天，航海家哥倫布從海地島海域向西班牙勝利返航。

船隊剛離開海地島不久，天氣驟然變得十分惡劣。天空佈滿烏雲，遠方電閃雷鳴，巨大的風暴從遠方的海上向船隊撲來。這是哥倫布在航海中遭遇的最大的一次風暴，有幾艘船已經被海浪打翻了。船長沉重地告訴哥倫布說：「我們將永遠不能踏上陸地了。」

哥倫布知道，或許就要船毀人亡了，他對船長說：「我們可以消失，但資料一定要留給人類。」哥倫布鑽進瘋狂顛簸的船艙裡，迅速地把最為珍貴的資料縮寫在幾頁紙上，捲好塞進一個玻璃瓶裡並加以密封後，將玻璃瓶拋進了波濤洶湧的茫茫大海。

「有一天，這些資料一定會漂到西班牙的海灘上！」哥倫布自信而肯定地說。「絕不可能，」船長說，「它可能會葬身魚腹，也可能被海浪擊碎，或許會深埋海底。」

哥倫布自信地說：「或許一年兩年，也許幾個世紀，但它一定會漂到西班牙去，這是我的信念。上帝絕不會辜負生命堅持的信念。」

幸運的是，哥倫布和他的大部分船隻在這次空前的海上風暴裡死裡逃生。回到西班牙後，哥倫布和船長不停地派人尋找那個漂流瓶，但直到哥倫布離開這個世界時，漂流瓶也沒有找到。

直到1856年，大海終於把那個漂流瓶沖到了西班牙的比斯開灣，而此時，距哥倫布遭遇的那場海上風暴，已經過去了3個多世紀。

由此可見，信念是人生奇蹟的萌發點，有了它，一切都有可能。信念，是所有成功人士心中屹立不倒的旗幟，有了它，一切奇蹟都會出現。信念在人的精神世界裡是挑大樑的支柱，沒有它，一個人的精神大廈就極有可能會坍塌。信念是力量的源泉，是勝利的基石。

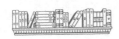

信念越堅定，成功就離你越近

運動員的成功由56%的期望值組成，成功取決於你相信自己是否成功的程度。

我們的人生需要信念，堅定的信念。人生的道路固然佈滿荊棘、充滿坎坷，但只要擁有堅定的信念，就會看到希望，看到曙光。

羅曼．羅蘭曾說過：「人生最可怕的敵人就是沒有堅強的信念。」人生如歌，信念如調。沒有調的歌永遠不能成為真正的歌，沒有信念的人生永遠都是沒有意義的人生。人生需要信念。有了信念，才可以使你撥開雲霧，見到光明，見到希望；有了信念，才可以使你乘風破浪，駛向成功的彼岸。

1955年，18歲的金蒙特已是全美國最年輕、最受喜愛的知名滑雪選手。她的名字出現在大街小巷，照片也上了各大雜誌的封面。美國人民都看好金蒙特，認為她一定能為美國奪得奧運會的滑雪金牌。

然而，一場悲劇卻使金蒙特的願望成了泡影。

在奧運會預選賽最後一輪的比賽中，因為雪道特別滑，金蒙特一不小心就從雪道上摔了下去。當她從醫院中醒來時，發現自己雖然保住了性命，但是，肩膀以下的身體卻永遠失去了知覺。

金蒙特十分努力地想讓自己從癱瘓的痛苦中擺脫出來，因為她知道，人活在世界上只有兩種選擇：奮發向上，或是從此意志消沉。

最後，金蒙特選擇了奮發向上，因為她對自己的能力仍然堅信不疑。有好幾年的時間，她的病情處於時好時壞的狀況，但她從來沒有放棄過追求有意義的生活。

幾經艱難，金蒙特學會了寫字、打字、操縱輪椅和自己進食，同時她也找到了人生的新目標：成為一名教師。因為她行動不便，所以當她向教育學院提出教書的申請時，系主任、校長和醫生們都認為，以金蒙特的身體情況，實在不適合當教師。

可是，金蒙特想要當教師的信念十分堅定，她並沒有因為遭到歧視和反對就宣告放棄。金蒙特持續接受康復治療，同時努力讀書，終於在1963年獲得華盛頓大學的教育學院聘請，完成了她想當教師的願望。

可見，信念對一個人來說是至關重要的，信念越堅定，成功就離你越近。人生之於信念，如同航船之於舵手。航船沒有舵手，就會在大海中迷失方向，就會在暗礁險灘中喪生，就會被驚濤駭浪所吞沒。人生沒有信念，就會在前進中迷失自我，生活就將變得黯淡無光，生命也就變得沒有意義。

我們的人生需要信念，堅定的信念。人生的道路固然佈滿荊棘、充滿坎坷，但只要擁有堅定的信念，就會看到希望，看到曙光。即使前方的路有很多艱難困苦，即使前方的風浪很大，也要執著追求，無怨無悔。人生的價值並不在於成功後的榮光，而在於追求的本身，在於信念的樹立與堅持的過程。

堅定的信念不是從來就有的。信念總是徘徊於堅持與動搖之中，總是徬徨於前進與退縮之中。信念的失去固然有外在的迫力，固然有種種的無力與無奈，但主要還在於自己。外因永遠靠內因起作用。正如信念的重塑需要外在的推動力，但最終還要靠自己去完成，任何人也不可能把信念種於你的心中。

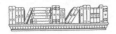

第七堂課

【前方沒有終點，如實向前】——沒有最好，只有更好

人一定要有自知之明

當一個人完全受限制於理想自我並由它的指引時，他們就總會以「應該是什麼」來支配自己的思想。他們生活在無數的「應該」下，漸漸地與現在疏遠。這種理想化自我屬於神經質性格。對此，最重要的是放棄理想化而從真實自我中發展自己。

自負心理就是盲目自大，過高地、不切實際地評估自己的能力，孤傲、自大是他們慣有的常態，但是自負最終會讓人付出慘重的代價。

夏夜，一隻蒼蠅被追得走投無路，躲藏在一個屋角。這時，一隻蚊子悠閒地從書房中晃了出來，落在這隻狼狽的蒼蠅旁邊。

「我說，兄弟，幹什麼這麼氣喘吁吁的啊？」

「你沒見到，那人拿著把蒼蠅拍，剛才差點我就完蛋了，幸虧我跑得快！呼……」蒼蠅長長地呼了口氣。

蚊子不屑地瞄了他一眼，說：「哼！我們為什麼要怕他們人類呢？」

「哎？」蒼蠅很吃驚地說，「難道你不怕他們？」

這隻蚊子擺擺前爪：「以前是害怕，不過現在我可不怕了。」

「怎麼回事？」

「你過來，我帶你看一樣好東西。」說完，這隻蚊子就連拉帶拽地將蒼蠅帶到了書房。牠們落在桌子上一本打開的書上，這是一本哲學書。

蚊子指著打開的書說：「看看吧，上面是怎麼寫的：**一隻蚊子在大洋的另一邊搧動翅膀，可能會引起美國氣候的改變！**看到沒有，可以引起美國氣候的改變，以前我不知道自己有這個能力，沒想到我是這麼的厲害！現在我還怕人類幹什麼，我只消站得遠一點輕輕地搧一下翅膀，哈哈，他們就會被吹到九霄雲外……」

「可是，可是，你以前吹走過人嗎？」蒼蠅打斷牠的話。

「那是因為我以前不知道，也沒有試過，不自信。現在我很有自信，讓我們去找個人下手，我要打敗人類，我們蚊子要統治世界。哈哈……」蚊子狂笑著。

這時，一隻壁虎出現了，蒼蠅看到了，牠飛起來，叫蚊子：「快逃跑啊，有壁虎！」

蚊子很傲慢地看了壁虎一眼：「哼！我要打敗人類，一隻小小的壁虎能拿我怎麼樣？正好拿你做試驗，看我不把你搧到世界的盡頭去！」

蚊子不但不飛走，反而搧動著翅膀非常自信地向壁虎飛去，壁虎張開嘴，舌頭一彈，蚊子不見了。

蒼蠅嘆了口氣，飛走了。

自負的蚊子就以這樣一種可笑的方式為自己掘了一個陷阱，從而掉進死亡的深淵。其實人生不也一樣嗎？過於自負，就會對自己的價值失去正確的判斷，其後果也是可想而知的。

自負心理就是過高地估計個人的能力，失去自知之明。心高氣傲的人，有的自視過高，總愛抬高自己貶低別人，把別人看得一無是處，總認為自己比別人強很多；有的固執己見，唯我獨尊，總是將自己的觀點強加於人，在明知別人正確時，也不願意改變自己的態度或接受別人的觀點。自負的人一般很少關心別人，與他人關係疏遠。他們經常從自己的利益出發，不太顧及別人。無求於人時，對人缺少熱情，似乎人人都應為他服務，結果落得門庭冷落。自負是一個人自掘的陷阱，當我們得意忘形的時候，常常墮入其中。自負的人往往自欺欺人，吞掉了苦果還要裝出甜蜜的樣子。自負害人，它甚至能奪走人的生命。

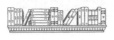

每個人都有自己的不足之處

人們把自己想得最偉大的時候，常常是自身最渺小的時候。

自負的人只看到自己的優點，看不到自己的缺點。往往會好大喜功，取得點成績就自覺了不起，成功時完全歸功於自己的努力，失敗時歸咎於客觀條件的不合作。將自己的舉手投足看作與眾不同。時間久了，自己的生活與人際關係變得一塌糊塗。

一個晴朗的星期六，李醫生的診所裡來了一名博士，他訴說著自己的苦悶，說自己是部門裡的最高學歷，卻得不到尊重，更氣人的是同事和一個清潔工親切地打招呼，卻不願理他。在李醫生的誘導下博士講出了一件與同事相處的小事。

有一天他到辦公室後面的小池塘去釣魚，正好正副所長在他的一左一右，也在釣魚。他只是微微點了點頭，這兩個本科生，有啥好聊的呢？

不一會兒，正所長放下釣竿，伸伸懶腰，蹭蹭蹭從水面上如飛地走到對面上廁所。博士的眼珠瞪得都快掉下來了。水上飄？不會吧？這可是一個池塘啊。

正所長上完廁所回來的時候，同樣也是蹭蹭蹭地從水上飄回來了。

怎麼回事？博士生又不好去問，自己是博士生啊！

過一會兒，副所長也站起來，走幾步，蹭蹭蹭地飄過水面上廁所。這下子博士更是差點昏倒：不會吧，到了一個江湖高手雲集的地方？

博士也內急了。這個池塘兩邊有圍牆，要到對面廁所就得繞10分鐘的路，而回辦公室又太遠，怎麼辦？

博士也不願意去問兩位所長，憋了半天後，也起身往水裡跨：我就不信本科生能過的水面，我博士生不能過。

只聽「咚」的一聲，博士栽到了水裡。

兩位所長將他拉了出來，問他為什麼要下水。他問：「為什麼你們可以走過去呢？」

兩位所長相視一笑：「這池塘裡有兩排木樁子，由於這兩天下雨漲水正好在水面下。我們都知道這木樁的位置，所以可以踩著樁子過去。你怎麼不問一聲呢？」

李醫生聽完，笑著說：「小夥子，問題出在你自己身上啊，你自己都不願意和別人打交道，別人怎麼會和你打成一片呢？」

學歷只能代表過去，只有虛心請教，才能少走彎路。

很多年輕人剛步入社會時都會為自己的高學歷沾沾自喜，認為自己高人一等，他們無法放下架子，虛心地向別人請教，最後往往只能自己摔跟頭。

沒有一個人有能夠驕傲的本錢，因為任何一個人，即使在某一方面的造詣很深，也不能夠說他已經徹底精通、徹底研究全了。

別沉迷在自己想像的優秀中

無論在任何時候，都不要以為自己已經知道了一切。

「生命有限，知識無窮」，任何一門學問都是無窮無盡的海洋，都是無邊無際的天空……所以，誰也不能夠認為自己已經達到了最高境界而停步不前、趾高氣揚。如果是那樣的話，必將很快被同行趕上，很快被後人超過。

「書山有路勤為徑，學海無涯苦作舟」、「活到老，學到老」、「三人行，必有吾師焉」。所有這些名句都是知識的化身，永遠也取之不盡、學之不完的。比如說一個很有學問的人，雖然他平時涉獵許多書籍、去實踐、去鑽研、去取經、去累積，但他還是有不懂的時候。其實人生就在於不斷地探索，不斷地創新，不斷地創作，不斷地學習。

在哈佛一座教學樓前的階梯上，有一群即將畢業的機械系大四學生很快就要參加最後一門考試了，他們聚集在一起，正在討論幾分鐘後就要開始的考試。他們的臉上充滿自信，這是最後一場考試，接著就是畢業典禮和找工作了。

有幾個說他們已經找到工作了，其他的人則在討論他們想得到的工作。懷著對四年大學教育的肯定，他們覺得心理上早有充分的準備，能征服外面的世界。

他們知道即將進行的考試只是輕而易舉的事情。教授說他們可以帶需要的教科書、參考書和筆記，只要求他們考試時不能彼此交頭接耳。

他們自信滿滿地走進教室。教授把考卷發下去，學生們喜形於色，因為學生們注意到只有五個論述題。

三個小時過去了，教授開始收考卷。學生們似乎不再有信心，他們臉上有難以描述的表情，沒有一個人說話。教授端詳著學生們憂鬱的臉，問道：「有幾個人把五個問題全答完了？」沒有人舉手。

「有幾個人答完了四題？」

仍舊沒有任何動靜。

「三題？兩題？」

學生們變得有些坐立不安起來。

「那麼一題呢？一定有人做完了一題吧？」

全班學生仍保持沉默。

教授放下手中的考卷說：「這正是我所預料的結果。同學們，我只是想要告訴你們，即使你們已完成了四年工程教育，但仍舊有許多有關工程的問題你們全然不知。這些你們不能回答的問題，在日常操作中是非常普遍的。」

哈佛教授給那些自負的學子們上了印象深刻的一課。

時間如流水般的消逝了，如今，參加過那次考試的哈佛學子們大多有了自己的事業，但他們始終記得畢業前最後一次考試的情形和教授的訓誡。他們深深懂得：要想真正學有所成，就不能只滿足於現狀，因為時代在進步，人們需要學的東西還很多，必須透過學習來充實自己，要缺什麼補什麼，要想取得成就得學無止境。

知識是沒有止境的，也是在不斷地更新的。社會的不斷變化，科技的日新月異，使得我們必須要不斷地學習新的知識才能跟上社會的飛速發展。

謙遜能打開心靈王國的大門

當你展現極度的謙卑時，你就是在極度的親近偉大。

俄國作家契訶夫曾說：

「人應該謙虛，不要讓自己的名字像水塘上的氣泡那樣一閃就過去了。」

如果一個人擁有廣博的知識、高超的技能、卓越的智慧，但是沒有謙虛鑲邊的話，他就不可能取得燦爛奪目的成就。你要永遠記住：「偉人多謙遜，小人多驕傲。太陽穿一件樸素的光衣，白雲卻披了燦爛的裙裾。」

伊斯蘭教的先知穆罕默德有言：一個人心中若存有一粒稻穀大小的傲慢，此人便不能升入天堂。謙遜打開了心靈王國的大門，並使人們在生活中獲得進益。

有一天，蘇格拉底的弟子聚在一起聊天。一位出身富有的學生，當著所有同學的面，誇耀他家在雅典附近擁有一片廣闊的田地。

當他在吹噓的時候，一直在旁邊不動聲色的蘇格拉底拿出一張地圖說：「麻煩你指給我看，亞細亞在哪裡？」

「這一大片全是。」學生指著地圖洋洋得意地說。

「很好！那麼，希臘在哪裡？」蘇格拉底又問。

學生好不容易在地圖上找出一小塊來，但和亞細亞相比，實在是太微小了。

「雅典在哪兒？」蘇格拉底又問。

「雅典，這就更小了，好像是在這兒。」學生指著一個小點說著。

最後，蘇格拉底看著他說：「現在，請你指給我看，你那塊廣闊的田地在哪裡呢？」

學生滿頭大汗地找，他的田地在地圖上連一絲影子也沒有。他很尷尬地回答道：「對不起，老師，我錯了！」

我們所擁有的一切，和偉大的宇宙相比，實在是微不足道。以一顆謙卑的心面對一切時，那才是一種真正高尚的情操。

怎樣才能克服自負心理，學會謙虛呢？

第一，接受批評是根治自負的最佳辦法。自負者的致命弱點是不願意改變自己的態度或接受別人的觀點，不願透過接受別人的批評來改變自己。

第二，與人平等相處。自負者視自己為上帝，無論在觀念上還是行動上都要求別人服從自己。平等相處就是要求自負者以一個普通社會成員的身分與別人平等交往。

第三，提高自我認識。要全面地認識自我，既要看到自己的優點和長處，又要看到自己的缺點和不足，不可一葉障目，不見泰山。認識自我不能孤立地評價，應該放在社會中去考察，每個人生活在世上都有自己的獨特之處，都有他人所不能及的地方，同時又有不如人的地方。與人比較不能總拿自己的長處去比別人的不足，把別人看得一無是處。

第四，要以發展的眼光看待自己，既要看到自己的過去，又要看到自己的現在和將來，輝煌的過去並不能代表現在，也不能預示將來。

第八堂課

【你的人生，由你來定義】

——生命的價值取決於你要如何度過

每個生命都有精彩的可能

生命有各種可能性，關鍵在於你能否用腦海中最美好的事物引導人生。

一個中學生和心理醫生聊天時談道：「每天，我照常地讀書、生活，可是總覺得心裡好像有點不對勁，我不知道為什麼讀書、為什麼生活，不知道生命的意義在哪兒，常常有一種很空虛的感覺。」他不無困惑地說：「看看其他同學，學，學得有勁；玩，玩得瀟灑。可是我學也學不踏實，玩也玩不痛快，感覺什麼都無聊，什麼都沒意思。這種情緒讓我整天百無聊賴、心緒懶散，寂寞惆悵卻又不知該怎樣解脫。怎麼別人就能過得那麼充實，而我就那麼空虛呢？」

生活中有許多人都有過和這位中學生一樣的煩惱，課業越是緊張，就越是感到生活的空虛無聊，一天到晚都在思考諸如生命意義之類的大事，卻總是在生活中的小事上栽跟頭。其實，生命的意義就在於一步一個腳印地累積，當你認真用心地走過，生命的意義也就自然揭曉了。對生命的認識過程便是一個不斷審視自己的過程，兩者是同時進行的。一邊認識自己，

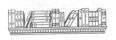

一邊瞭解世界。如果你感覺生活無聊，可以肯定的是，首先是你對自己的生命失去了應有的熱情。

羅曼·羅蘭說，這個世界上只有一種英雄主義，那就是了解生命而且熱愛生命的人。這個世界上有什麼是沒有生命的嗎？一絲暖陽、一滴冰雨，這些都是生命存在的證明。我們的生命並不是一個孤獨的存在，而是一直與自然界的萬物相伴始終。明白了這一點，我們怎能不讓生命中的每一天都過得精彩呢？我們的生命因有了春、夏、秋、冬的四季更替而豐富了內涵，因有了風、霜、雨、雪的浸染而多一分絢麗，因有了悲、喜、苦、樂才更值得回味，因有了赤橙黃綠青藍紫的各種奇妙重疊才更顯得燦爛與美好。這些都來自於大自然的賜予，它讓我們時時懂得，我們都是受眷顧的人。

蒙田在對生命的理解中有這麼一段精彩的描述：「就拿『度日』來說吧，天色不佳，令人不快的時候，我將『度日』看作是『消磨光陰』。而風和日麗的時候，我卻不願意去『消磨』，這是我在慢慢賞玩、領略美好的時光。不好的日子，要飛快地去『度』好日子要停下來細細品嘗。常用『度日』、『消磨光陰』這些詞語的人以為生命的利用不外乎將它打發、消磨，並且儘量迴避它，無視它的存在，彷彿這是一件苦事、一件賤物似的。但對於我而言，我認為生命不是這樣的，我覺得它值得稱頌，富於樂趣，即便我自己到了垂暮之年也還是如此。我們的生命受到自然的厚賜，它是優越無比的。如果我們覺得不堪生之重壓而白白虛度此生，那也只能怪我們自己。」

可見，每個生命都有一個精彩的可能，生命賦予每個人同樣多，只要你拿出熱情，它一定能夠回報你精彩。一樣的藍天白雲，一樣的高山大海，一樣的人生百年，哈佛教授告訴我們，沒有毫無意義的人生，只有不懂生活的人。面對偶爾出現的空虛和煩惱，我們可以從培養一些興趣愛好開始，逐步拓寬自己的眼界、增長見識、打開心胸，久而久之，當我們看到更多美麗的風景，當我們對生命的意義有了更多的瞭解，我們也就為自己的人生注入了更多精彩的可能。

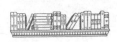

空虛是製造痛苦的機器

人類如果能夠依照自己自然的感情而活，就不會因為心靈的空虛而痛苦。

空虛是製造痛苦的機器。空虛的人總是無所事事，找不到自己生命的價值。他們虛度光陰，經常打架鬧事，有時候還會故意給別人製造麻煩、製造痛苦，來慰藉自己空虛的心靈。可是他們這麼做，只會害人害己，為自己和他人徒增傷害。

法庭的被告席上，站著一對雙胞胎兄弟，同樣瘦高的體型，同樣白皙的面容，同樣迷茫的眼神。當法官做出宣判時，頭髮急白一半的父親田先生像遭雷劈一樣站了起來。和田先生一樣悲傷的還有另外兩名罪犯小麗和小芳的親人。

小芳的父親說：「以前女兒很聽話，從不和我頂嘴，更沒打過別人。可是自從輟學後，每天無所事事，很晚才回家，因此我曾打她，她也求饒說再也不敢了，我還信以為真。可是誰想到，等最後發現一切都太晚了，她竟成了殺人犯！」

小芳父母離婚，對自己犯下的罪她竟毫無悔過之意：「反正打人就為了取樂，只要不打死就行。看見被打的人，我就想起二媽來，打她們就像打她一樣，特別解氣。找茬打人，也就是圖個刺激，覺得好玩，隨便搶點錢，最後被打的那個女的，走時還活著，誰知後來竟死了！」

有所悔改的雙胞胎哥哥小剛也曾表示，輟學在家，整天閒著沒事幹，當初打人純粹是為了填補內心的空虛。自從第一次打人找到樂趣後就開始上癮，開始喜歡用這種方式發洩，只要發現單身的女性或老太太，都故意上去找碴，因為她們好欺負，還不了手。特別是倒數第二次略帶血腥的追殺，更是從未有過的「刺激」和「暢快」，也正因這種打人欲望的膨脹，才導致最終打死人。

就是這四名正處在求學年齡階段的青年，因為「對唸書沒興趣」輟學在家，因為生活極度無聊竟毒打陌生人，因為毒打帶來暢快和刺激，靠辱罵毆打陌生人來彌補「空虛」的心靈，最後致使其中一人死亡。這不是最終結果，最終結果是主犯（雙胞胎兄弟中的哥哥）被判為無期！

是什麼讓這四名少年走上犯罪的道路。是父母疏於管教？還是他們生性本惡？其實，這一切只源於心靈的空虛。空虛即人們常說的「沒勁」，是指百無聊賴、閒散寂寞的消極心態，是心靈不充實的一種表現。空虛的人不思進取，找不到人生的目標，他們總是會覺得生活無聊，心靈空乏虛無，寂寞難耐。

為了擺脫心理空虛，他們常常會用上網打發時間，抽菸喝酒、賭博鬧事，有些人甚至走上了偷盜、姦淫的道路，以尋求刺激。可是，再激烈的心理刺激也是短暫的，當心靈上的慰藉感消失的時候，人們會變得更加無聊，會感覺人生更沒有意義。所以，與其把自己的快樂建立在別人的痛苦上，建立在自我的墮落上，不如給自己找一些有意義的事情來做，找到自己的人生價值，填滿自己的時間，你的生活也就不會再那麼空虛了。

有夢，生活就有意義

夢想是我們的最佳動力來源。

夢想聽起來似乎很縹緲，可是它卻能讓生活變得充實。在喧囂的塵世中，正因為有夢想，空虛的人才知道自己想要什麼，應該做什麼，才會感到生活的美好，才能在偌大的世間找到屬於自己的位置，變得充實。

人的活動如果沒有夢想的鼓舞，就會變得空虛而渺小。若是每個人都擁有了五彩繽紛的夢，每天都充滿希望，不停進步，生活肯定很充實。空虛並不可怕，擺脫空虛也並不困難，只要重新找回自己的夢想便可。有夢想的人，永遠都不會感到空虛，現實夢想的過程就是不斷充實自己的過程。

就好像如今聞名國際的大導演李安。

當年，他報考美國伊利諾大學戲劇電影系，父親堅決反對，因為對華人來說，成功的機會微乎其微，但他還是登上去美國的班機，因為他心中一直懷著對電影的夢想。幾年後，李安從電影學院畢業，終於明白父親的話是對的，從1983年起，李安經歷了6年多漫長而無望的等待。期間，多數時間都是幫劇組看器材，做些無聊沒意義的雜事，有時一個劇本跑了三十多家公司，都以遭白眼而告終。

這樣的日子持續很長一段時間，當時，妻子在當地一家小研究室做藥物研究員，薪水少得可憐，而他們的大兒子也已出生。為緩解內心的愧疚，李安每天除了在家裡讀書，看電影，寫劇本外，還包攬了所有家務，負責買菜做飯帶孩子，將家裡收拾得乾乾淨淨。這樣的生活對一個男人來說，肯定很傷自尊心。看著別人每天在外面忙著賺錢養家餬口，自己在家做些瑣事，沒一點做男人的自豪感和成就感，心裡有說不出的酸楚。

很多人都以為李安會因此而墮落下去。因為當一個人遭受挫折，沒了夢想而跌入空虛的境地是很可怕的。前途一片渺茫，沒有寄託，久而久之，肯定會無所事事，空虛充滿整個生活，可是李安並沒有那樣，他以驚人的毅力懷著夢想堅持了下來。

後來，他去社區大學學習電腦，學會一技之長，還像之前一樣在家做家務帶孩子，學習電影以外的東西充實自己，等待機會。李安的努力終於沒有白費，他的劇本得到了基金會的贊助，他拿起攝影機開始奔波忙碌，慢慢的，他的電影開始在國際上獲獎。

李安是個有夢想的人，他沒有因為生活一時的瑣碎無聊而委靡不振，從此無所事事，在空虛中墮落下去。他只是在角落裡靜靜等待機會，把看似空虛無聊的生活變得有價值，最後獲取成功。

雨果說：「哪怕是一個最英勇的人，一旦奪去了他珍貴的理想，都會落到一個境界裡去，這是生活空虛的結果。生活好比旅行，理想是旅行的路線，失去了路線，只好停止前進了。生活既然沒有目的，精力也就枯竭了。」哪怕在最艱苦難耐的日子裡，李安心裡依舊充實，因為他心中有一個電影夢。如今，他已經拿到了不止一個奧斯卡小金人，除此之外，還有許許多多的國際大獎。

生活中，總有許多人會抱怨生活沒意義，學習沒動力，做什麼事情都沒熱情，其實他們已經慢慢走入空虛的陷阱。什麼是空虛呢？簡單說，空虛就是沒有夢想，沒有追求。一個有著遠大理想的人，絕對不會整天為一些無聊的事情而苦惱，他們只會想著怎麼樣才能一步步靠近夢想，不斷奮鬥。

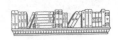

生命的價值取決於你自己

如果你有意地避重就輕，去做比你盡力所能做到的更小的事情，那麼我警告你，在你今後的日子裡，你將是很不幸的。因為你總是要逃避那些和你的能力相聯繫的各種機會和可能性。

正如哈姆雷特所說，「生或死，這是個問題」，生命同樣如此，是絢爛，是頹廢，都是自己的選擇。是庸庸碌碌虛度一生，最後追悔莫及，還是踏踏實實走好每一步，到生命盡頭可以毫不猶豫地說，我無愧於自己的人生。一切的一切，全取決於自己。

每個人都有每個人獨特的價值，不會因為時間的流逝、生活的磨難而減少半分，但價值都取決於自己。只有靠自己的努力，發現自己的長處，利用自己的優點，用自信的畫筆，才能描繪出屬於自己的動人色彩。所以，人不應該自輕自賤，自暴自棄，要好好地珍惜利用自己的價值，不要在空虛的生活中耗費自己的青春。

他從小在孤兒院長大，常常悲觀地問老師：「像我這樣沒有人要的孩子，活著究竟有什麼意思呢？」老師總是笑瞇瞇地對他說：「孩子，別灰心，誰說沒有人要你呢？」

有一天，老師親手交給他一塊普通的石頭：「明天早上，你拿著這塊石頭到市場上去賣。記住，無論別人出多少錢，絕對不能賣。」

他一臉迷惑地接下了這塊石頭。第二天，他忐忑不安地蹲在市場的一個角落裡叫賣石頭。出人意料地，竟然有許多人要向他買那塊石頭，而且一個比一個價錢出得高。

他記著老師的話，沒有賣掉。回到學校，他興奮地向老師報告，老師笑笑，要他明天拿著這塊石頭到黃金市場去叫賣。在黃金市場，竟然有人出比昨天高出十倍的價錢要買那塊石頭，他也拒絕了。

最後，老師叫他把那塊普通的石頭拿到寶石市場上去展示。結果，石頭的身價比昨天又漲了十倍。由於他怎麼都不肯賣，這塊石頭被人說成「稀世珍寶」。他將一切情景稟報給老師。

老師親切地望著男孩，說：「生命的價值就像這塊石頭一樣，在不同的環境下就會有不同的意義。一塊不起眼的石頭，由於你的珍惜而提升了它的價值，被說成是稀世珍寶。你不就像這塊石頭一樣嗎？只有學會自我珍惜，生命才有存在的價值。」

曾經有一位名人說過：人的生命之所以是無價的，是因為它所能創造的價值是無限的。至於每個人最終能創造多少價值，則完全取決於自己。每個人都應該正確估量自己的價值，並且讓自己持續地「增值」。只有這樣才是積極的人生態度，人的生命也不會白白度過，每一天才會過得充實有意義。

當你面臨空虛時，你會怎麼辦？是否也能像哈姆雷特一樣質問自己，是繼續空虛墮落下去，還是把握生命的意義繼續前行，這是個問題。俄國作家奧斯特洛夫斯基曾說過：「生命屬於人們只有一次。人的一生應當這樣度過：當他回首往事時，他不因虛度年華而悔恨，也不因碌碌無為而羞恥。」許多人因為不懂得把握，所以，虛度了年華，最後悔不當初。

態度決定一切，一張50美元的鈔票，不會因為被腳踩髒，被手揉皺而貶值下去，它還是有它的價值。生命也是這樣，不會因為一時的空虛侵擾而貶值，這一切還要看你怎樣處理。人生路上，會無數次被逆境擊倒、欺凌甚至輾得粉身碎骨。但無論發生什麼，或將要發生什麼，生命永遠不會喪失價值。骯髒或潔淨，衣著齊整或不齊整，生命依然是無價之寶。生命的價值不在於我們有多高的地位，也不仰仗我們結交的人物，而是取決於我們本身！

第九堂課

【相信自己，永遠不要放棄】——和自己賽跑，不要和別人比較

走出虛榮的泥沼

一切惡行都因虛榮心而生，都不過是為了滿足虛榮心而採取的手段。

每個人在不同程度上都有一定的虛榮心理。虛榮心是一種扭曲的、不健康的心理。一個心理成熟的人應當適度克制自己的虛榮心理，樹立起正確的榮辱觀，對自己的榮譽、地位、得失、面子等問題有一個正確的認識。

小燕是一個愛打扮的女孩，但家庭經濟條件不好，無法滿足她的要求。離她家不遠有一家小商店，她發現商店老闆放錢的抽屜從來不上鎖，於是就以找老闆的女兒玩為藉口，常常到小商店裡去，趁老闆不注意的時候，就從老闆放錢的抽屜裡偷錢，每次少則幾十元，多則上百元。就這樣，五個月下來，小燕一共從小老闆那偷了將近一千塊錢。小燕一直竊喜她神不知鬼不覺的行為，可是醜行終究是要敗露的。一天，正當小燕再次從老闆抽屜裡偷錢的時候，被老闆逮了個正著，老闆看她年齡尚小，就沒有聲張她偷錢的行為，只是向她父母要回了她從商店偷出來的錢。看到父母無奈又責備的眼神，小燕這才後悔不已……

小燕的悲劇起源於她的虛榮心。外表美並不在於穿得花俏。作為依靠家長生活、求學的學生來說，衣著樸素整潔、言行端正禮貌，這才是真正的美。我們不反對家庭條件好的學生穿戴得漂亮一點，但是作為青少年學生，在衣著打扮上不應該有過高的追求。華麗的外表無法掩飾空虛的心靈，很難想像一個愛慕虛榮的人將來能有多大的成就。由於虛榮心具有許多負面的影響，是一種扭曲的人格，它多半會遭到他人的反感和敵意，甚至攻擊，因此要儘量克服它。

在我們的身邊，有一些成年人也同樣具有虛榮心。可是，虛榮是一種令人沮喪的遊戲，一場注定要失敗的競爭。在虛榮心的驅使下，人們將會變成一個固執己見的小小的獨裁者，整日神經緊張，夜不成寢。因此，必須要戒除虛榮心。

虛榮心的產生與人的需要有關。人類的需要分生理需要、安全需要、歸屬和愛的需要、尊重的需要和自我實現的需要，其中尊重的需要包括成就、力量、權威、名譽、地位、聲望等方面。一個人的需要應當與自己的現實情況相符合，否則就要透過不適當的手段來獲得滿足。在條件不具備的情況下，過分地在意自尊心就形成了虛榮心。因此，有的人說「虛榮心是一種歪曲了的自尊心」是有一定道理的。那麼對於青少年來說，如何才能擺脫虛榮的奴役呢？

首先，要認識虛榮心的危害。一些虛榮心很強的人，意識不到自己的虛榮，不肯承認自己的虛榮，所以很難克服虛榮。因此，要正確認識自己，清醒地分析虛榮的危害。虛榮是一種虛假的榮譽，它可能使你得到一時的滿足，填補內心的空虛，但它會使你背上沉重的包袱，時刻擔心失去給你帶來虛榮的事物，一旦失去，就會痛苦不堪。所以，只有認識到自己身上的虛榮以及虛榮的危害，才能下決心克服虛榮。

其次，要克服個人私心。虛榮的人過於關注自己的名聲和榮譽，很少考慮別人的感受和評價，有較強的自我表現欲，只要有自己可以表現的機會，他都不會放過；爭強好勝，不計後果，是一種個人自私心理的表現。所以，要克服虛榮心，還要克服自私心理和自我表現欲。

最後，培養腳踏實地、實事求是的生活態度。過於虛榮的人往往都缺乏腳踏實地的生活態度，能滿足虛榮心時就有很高的熱情，一旦虛榮心得不到滿足情緒就會一落千丈。因此，要克服虛榮心，還要從處身入手，培養自己的真才實學和良好的心理品質。

與他人比是懦夫，與自己比才是真英雄

在各方面都要勝過他人，是一項永遠完成不了的苦役。

那些總是抱怨自己不幸的人，不要用沉重的欲望迷惑自己，不要總是看到你還不曾擁有的東西，而要靜下心來，放下心靈的負擔，仔細品味你已擁有的一切。學會欣賞自己的每一次成功、每一份擁有，你就不難發現，自己竟會有那麼多值得別人羨慕的地方，幸福之神已在向你頻頻招手。

如果我們認真分析別人表現傑出的地方，從對方的表現看出成功的端倪，收穫最多的其實還是自己。這種心態，並非想和對方一較高下，而是向對方虛心學習。這個對象不管是誰，只要你願意仔細觀察，一定可以看見別人成功的關鍵所在。

一個年輕人總是埋怨自己時運不濟，生活不幸福，終日愁眉不展。

這一天，走過來一個鬚髮俱白的老人，問：「年輕人，幹嘛不高興？」

「我不明白我為什麼老是這麼窮。」

「窮？我看你很富有嘛！」老人由衷地說。

「這從何說起？」年輕人問。老人沒有正面回答，反問道：「假如今天我折斷了你的一根手指頭，給你300元，你幹不幹？」

「不幹！」年輕人回答。

「假如斬斷你的一隻手，給你1萬元，你幹不幹？」

「不幹！」

「假如讓你馬上變成80歲的老翁，給你100萬，你幹不幹？」

「不幹！」

「假如讓你馬上死掉，給你1000萬，你幹不幹？」

「不幹！」

「這就對了，你身上的錢已經超過了1000萬了呀！」老人說完笑吟吟地走了。

那些在攀比中鬱鬱寡歡的人，他們心靈的空間擠滿了太多的負累，從而無法欣賞自己真正擁有的東西。

在我們的身邊，也有很多人羨慕他人的生活，羨慕別人有顯赫的家庭，羨慕那些明星、名人，天天淹沒在鮮花和掌聲中，名利雙收，以為世間苦痛皆與他們無緣。

俗話說，人生失意無南北，宮殿裡也有悲慟，瓦屋同樣也會有笑聲。只是，平時生活中無論是別人展示的，還是我們關注的，總是風光的一面、得意的一面。有位哲人說過，「與他人比是懦夫的行為，與自己比才是英雄」。這句話乍聽之下不好理解，但細細品味，卻有它的道理。所以，不要把你的生命浪費在和別人對比上，應該跟自己的心靈賽跑。

其實我們對自己不苛求，我們又怎麼知道別人一定比自己好？事實上每個人都有令人羨慕的東西，也有自己缺憾的東西，沒有一個人能擁有世界的全部，重要的在於自己的內心感覺。那些心態平和的人也許生活中物質的享受並不比任何人好，只是他能接受自己，覺得自己好而已。

所以，要懂得欣賞自己的生活，讓自己活得隨心所欲。你能改變什麼讓自己感到愉快，那就做一些改變，不過，如果改變了以後會讓自己不愉快的話，那麼不管有多少人改變，也不應該盲從去做。即使你已經知道改變以後會很好，但自己卻無力改變的話，也不應該勉強去做，欣賞自己所擁有的一切，那些讓自己覺得不滿意的地方，就儘量忽略過去。畢竟，上帝創造我們有不同的膚色、不同的個性，就是為了讓我們的生活多姿多彩。要接受自己所謂不完美的地方，沒有必要勉強自己變得完美。

穿戴名牌，誰來買單

虛榮是不知足的饕餮者，當它吞噬一切後，必將毀滅自己。

現在的很多年輕人，雖然已經走出了校園，但是吃喝都靠父母，自己沒有工作，或者那份微薄的工資根本就不夠自己花，所有的開銷都需要父母的資助。所以，即使他們滿身都是名牌，也都是花父母的錢買的。在這種情況下，如果你認為穿名牌、用名牌是你的驕傲，是這個時代的標誌，那麼你自身的價值體現在哪裡？美國的一位社會學教授曾經大膽地提出：金錢能衡量人的能力。但是，你現在所擁有的名牌，屬於為你付錢的人，而不屬於你！

小偉出生在一個並不富裕的家庭。幾年前，小偉的父母雙雙失業，父母為了支撐起這個家，租房子開了家飲食店，才得以維持全家生活。小偉從小養成了勤儉節約的習慣，從不講究穿著。但是，自從進入國中，小偉漸漸從同學們那裡認識了許多名牌，聽著同學們在課餘時間高興地談論自己身上、腳上的名牌時，小偉才發現自己穿得有多麼寒酸。自那時起，小偉就決心努力讀書，讓爸媽也給他買一樣名牌。

期中考試結束後，當小偉拿著全班第一名的成績跑進家門時，爸媽笑得合不攏嘴。小偉膽怯地看了看爸媽的臉，囁嚅著：「爸，媽，我想……」「有什麼要求你就說吧，孩子。」爸爸鼓勵地對他說道。

「我想買一雙鞋子，愛迪……愛迪達的……」小偉小心翼翼地說出了自己的要求。「好吧，明天我帶你去買。」爸爸痛快地答應了。

「不了，您給我錢就行了，我自己去買。」

「我們家小偉長大了啊。」媽媽欣慰地說。

第二天剛好是週末，一大早小偉就拿著自己的全部「家產」——600塊錢——這是他這半年多來一天一塊積攢起來的，再加上父母給的1000元，一共1600元，乘車出去了。在愛迪達專賣店的門口，小偉徘徊了許久，最終，小偉鼓起勇氣走了進去。

在店裡，小偉貪婪地看著那一雙雙名牌鞋子，那些鞋子小偉平時都沒有見過，但是它們的價格也高得嚇人。忽然，小偉發現了一雙2500元打六折（1500元）的鞋子。價錢剛剛好，而款式又是小偉喜歡的。小偉興奮地試了下鞋子，然後付了錢。

小偉興沖沖地回到家。「呦！回來啦？買了什麼給我瞧瞧。」爸爸笑道，說著，已接過了小偉的球鞋。爸爸把鞋拿在手裡打量著：「眼光不錯，得1000多塊吧……」小偉不敢看爸爸的眼光，低著頭。「嗯，1000。」小偉撒了謊。

週一早晨上學的時候，小偉特意穿上了那雙嶄新的球鞋。到學校後，眼尖的同學立即發現了小偉的變化，紛紛圍了過來。「小偉，你這雙鞋真漂亮！」「是啊，穿上這雙鞋後，整個人看起來有精神多了。」

被大家關注的感覺真好，以前，小偉只有羨慕別人的份，今天，終於體驗了一回被別人羨慕的感覺，同學們的讚揚讓小偉的虛榮心得到了極大的滿足。從那之後，小偉開始注重起自己的穿著來，與其他同學談論名牌的次數逐漸地多了，朝父母要錢的次數越來越多，數目也越來越大……

在現實生活中，你或許有過這樣的體會：某同學上學是父母的轎車接送，而自己只能搭公車或騎自行車，於是你覺得沒面子；公司辦郊遊，某同事穿的是高級登山鞋，背的是名牌運動包，帶的是進口的零食和飲品，而你只穿著一般球鞋、背著普通背包，只帶了麵包和礦泉水，你覺得自己沒面子……

事實上，這都是虛榮心在作怪。心理學上認為，虛榮心是自尊心的過分表現，是為了取得榮譽和引起普遍注意而表現出來的一種不正常的社會情感。在虛榮心的驅使下，人往往只追求面子上的好看，不顧現實的條件，最後造成危害。在強烈的虛榮心支使下，有時會產生可怕的動機，帶來非常嚴重的後果。因而，我們要戒除虛榮心，不和別人做無謂的攀比。

第十堂課

【你是自己唯一的奇蹟】——沒有人能限定你，天生我材必有用

給自己戴一個假想的蝴蝶結

心神不寧、煩躁不安、感覺生存本身很艱難、在意他人對自己的評價而時時不安，這些都說明真實的自我與自己所認為的自我之間有差異。

自卑是一種對自我內心潛能的人為壓抑，更是一種損害自尊和榮譽的恐懼，所以生活中，我們只有比別人更相信並且珍愛自己，才能發揮自己最大的潛力，開創一片屬於自己的天地。珍妮總覺得自己長得很平凡，沒有高挑的身材和漂亮的臉蛋，為此她很自卑，走路都是低著頭的。有一天，她到飾物店買了一個綠色蝴蝶結，店主不斷讚美她戴上蝴蝶結後很漂亮，珍妮雖不信，但是挺高興，不由昂起了頭，急於讓大家看看，出門與人撞了一下都沒在意。

珍妮進教室，迎面碰上了她的老師。「珍妮，你抬起頭來真美！」老師愛撫地拍拍她的肩說。

那一天，她得到了許多人的讚美。她想一定是蝴蝶結的功勞，回家後，她照鏡子時卻發現自己頭上根本就沒有蝴蝶結，她這才想起來，出飾物店時曾與人撞了一下，一定是那時候弄丟了。

不過，珍妮想，以後她再也不需要蝴蝶結了。

其實，細想一下，我們身邊有很多自卑的人，只是，他們可能沒珍妮這麼幸運，還在受著自卑的折磨。

個體心理學的創始人阿德勒認為，人在生活中時刻都可能產生自卑感，比如先天的、生理上的缺陷，在家庭中的地位，進入社會後人與人之間的利害衝突等，都可能讓人產生不完滿、不得志、比別人差的情緒。他們可能因為拿自己和周圍的人進行比較而感到氣餒，他們甚至還會因為同伴的憐憫、揶揄或逃避，而加深自卑感。自卑來源於心理上的消極和自我暗示。

心理學認為，每個人對自己或多或少都帶有一些不恰當的認識，自卑就是一種過多自我否定而產生的自慚形穢的情緒體驗，是一種認為自己在某些方面不如他人的自我意識和自己瞧不起自己的消極心理，是由主觀和客觀原因而造成的。自卑是每個人都具有的，只不過有些人自卑傾向過於嚴重。自卑心理是人生中最大的障礙，只有成功跨越自卑的障礙，對自己充滿信心，才能達到人生的巔峰。

很多人的自卑心理來源於心理上一種消極的自我暗示，即「我不行」、「不可能」等，對自己的能力、學識、品質等自身因素自我評價過低，在日常生活中表現出行為畏縮、瞻前顧後、心理承受能力差、經不起較強的刺激、謹小慎微、多愁善感等。

抹去過去失敗的傷疤

偽裝下的自信和自尊，我們是無法真正感受到力量的。

自卑的人，總是一味輕視自己，總感到自己這也不行，那也不行，什麼也比不上別人。這種情緒一旦佔據心頭，結果是對什麼都不感興趣，憂鬱、煩惱、焦慮便紛至沓來。倘若遇到一點困難或者挫折，更是長吁短嘆，消沉絕望……

一位父親帶著兒子去參觀梵谷故居，在看過那張小木床及裂了口的皮鞋之後，兒子問父親：「梵谷不是位百萬富翁嗎？」父親答：「梵谷是位連妻子都沒錢娶的窮人。」

第二年，這位父親帶兒子去丹麥，在安徒生的故居前，兒子又困惑地問：「爸爸，安徒生不是生活在皇宮裡嗎？」父親答：「安徒生是位鞋匠的兒子，他就生活在這棟閣樓裡。」

這位父親是一個水手，他每年往來於大西洋各個港口；兒子叫伊東・布拉格，是美國歷史上第一位獲普利茲獎的黑人記者。20年後，在回憶童年時，伊東・布拉格說：「那時我們家很窮，父母都靠賣苦力為生。有很長一段時間，我一直認為像我們這樣地位卑微的黑人是不可能有什麼出息的。好在父親讓我認識了梵谷和安徒生，這兩個人告訴我，上帝沒有輕看卑微。」

要知道，上帝是公平的，祂把機會放到了每個人面前，任何人都有相同的機會。

在生活中，有很多人都有自卑感。有了自卑感，不要責怪自己。總是覺得自己不如別人，甚至覺得自己很蠢笨，其實這些想法都是錯誤的。世界上沒有笨蛋，只有沉睡的天才，或許你不擅長與人交流，但你有良好的寫作能力，也許你現在不優秀，但是這並不代表你將來也不優秀。

自卑是人的自我意識的一種表現。自卑的人往往會不切實際地低估自己的能力，他們只看到自己的缺陷，看不到自己的長處。自卑心理嚴重的人，並不一定是其本身具有某些缺陷或短處，而是不能悅納自己，自慚形穢，常把自己放在一個低人一等，不被自我喜歡，進而演繹成別人也看不起自己的位置，並由此陷入不能自拔的痛苦境地，心靈籠罩著永不消散的愁雲。

長期生活在自卑之中的人，情緒低沉，鬱鬱寡歡，常因害怕別人看不起自己而不願與人來往，只想與人疏遠，缺少朋友，顧影自憐，甚至自疚、自責；自卑的人，缺乏自信，優柔寡斷，毫無競爭意識，抓不住稍縱即逝的各種機會，享受不到成功的樂趣；自卑的人，常感疲憊，心灰意懶，注意力不集中，工作沒有效率，缺少生活情趣。

如果一個人總是沉迷在自卑的陰影中，那無異於給自己套上了無形的枷鎖。自卑，就像在心底扎下木樁，讓自己的心靈沉重不堪，也阻礙了心靈與世界的溝通。但是如果你認清了自己並相信自己，拔掉心底的木樁，懂得換個角度看待周圍的世界和自己的困境，那麼許多問題就會迎刃而解。

具有自卑心理的人，總覺得自己這也不行，那也不行，而別人卻樣樣精通，什麼都好；自己有這樣那樣的缺點和不足，而別人卻完美無瑕。事實上，這樣的想法是極其荒謬的。這個世界上沒有完美的人：成績不夠好的人，也許歌唱得很好；不夠聰明的人，也許心地善良；你也許數學不好，可是卻能寫出很好的文章；你相貌不出眾，但你人緣很好……要知道，人人都經歷過失敗，每個人的內心深處都殘留著過去失敗所留下的傷疤。懂得了這一點，我們就不應該再把自己破裂的傷口看得那麼嚴重；相反，我們應該正確認識自己，以客觀的態度來看待自己的失敗。

走出無益的自我折磨

人若是能發自內心地信賴自己，就不需要總是勉強別人展現忠誠，也不需要時時期盼著別人刻意表達的愛。正是因為打心底對自己很失望，才不知不覺地多疑起來。

自卑實際上是一種徒然的自我折磨，因為它不會給你激勵，不會給你力量，只會摧老你的身心，盜走你的骨氣，並最終毀了你。自卑是人生最危險的殺手，它可以輕而易舉地毀掉一個頗具才華的人。拋棄自卑吧，別讓它成為你成功的阻礙。

美國著名心理醫生基恩博士曾經在一次演講中提起他小時候經歷過的一件觸動心靈的事：

一天，幾個白人小孩正在公園裡玩，這時，一位賣氣球的老人推著貨車進了公園。白人小孩一窩蜂地跑了過去，每人買了一個，興高采烈地追逐著放飛在天空中色彩豔麗的氣球。在公園的一個角落躺著一個黑人小孩，他羨慕地看著白人小孩在嬉戲，他不敢過去和他們一起玩，因為他很自卑。白人小孩的身影消失後，他才怯生生地走到老人的貨車旁，用略帶懇求的語氣問道：「您可以賣一個氣球給我嗎？」老人用慈祥的目光打量了他一下，溫和地說：「當然可以，你要什麼顏色的？」小孩鼓起勇氣回答：「我要一個黑色的。」臉上寫滿滄桑的老人驚詫地看了看黑人小孩，給了他一個黑色的氣球。

黑人小孩開心地拿過氣球，小手一鬆，黑色氣球在微風中冉冉升起，在藍天白雲的映襯下形成了一道別樣的風景。

老人一邊瞇著眼睛看氣球上升，一邊用手輕輕地拍了拍黑人小孩的後腦勺，說：「記住，氣球能不能升起，不是因為它的顏色、形狀，而是氣球內有沒有充滿氫氣。一個人的成敗不是因為種族、出身，關鍵是他的心中有沒有自信。」

那個黑人小孩便是基恩博士自己。

基恩博士透過自己的親身經歷，告訴人們：一個人能否成功，與他的種族、相貌、出身無關。在我們的身邊，有很多人因為自己沒有漂亮的外表，沒有出生在一個好的家庭而感到自卑。事實上，外貌、家庭背景不應該成為自卑的理由，因為你能否成功，與你的家庭、外貌無關。

對於任何一個人來說，成功並非易事，我們必須要有堅忍不拔的精神，最要緊的，還是我們自己要有信心。我們必須相信，自己對一件事情具有天賦的才能，並且，無論付出任何代價，都要把這件事情完成。

美國的一位教育專家做了一個試驗，將一個學習成績較差班級的學生當作學習優秀班的學生來對待，而將一個擁有優秀學生的班級當作問題班來教，一段時間下來，發現原來成績相差很遠的兩班學生，在試驗結束後的總結測驗中平均成績相差無幾。原因就是差班的學生受到不明真相的老師對他們所持信心的鼓勵（老師以為他所教的是一個優秀班），學習積極性大增，而原來的優秀班學生受到老師對他們懷疑態度的影響，自信心被挫傷，以致轉變學習態度，影響了學習成績。

從這個試驗可以看出，我們需要自信，就如同種子需要陽光一樣。只有走出無益的自我折磨，才能茁壯成長。

你是一個獨特存在的個體

世界上有多少人就有多少顆心，每顆心都有自己獨特的聲音。

看到周圍同學各方面比我們強，我們會感到自卑，會感到處處不如別人，會認為自己的生命之花永遠沒有別人的絢爛多彩。可是，你有沒有發現再燦爛的鮮花也會有瑕疵，生命中沒有絕對的完美，我們要學會享受生命中的不完美。

一農夫家養了3隻小白羊和1隻小黑羊。3隻小白羊因為有雪白的皮毛而驕傲，對那隻小黑羊不屑一顧：「你自己看看身上像什麼，黑不溜秋的，像鍋底。」「依我看呀，像炭灰。」「像蓋了幾代的舊被褥，髒死了。」

不但小白羊，連農夫也瞧不起小黑羊，常常給牠吃最差的草料，時不時還對牠抽上幾鞭。小黑羊過著寄人籬下的日子，也覺得自己比不上那3隻小白羊，常常傷心地獨自流淚。

初春的一天，小白羊和小黑羊一起外出吃草，走得很遠。不料寒流突然襲來，下起了鵝毛大雪，牠們躲在灌木叢中相互依偎著……不一會兒，灌木叢和周圍全鋪滿了雪。牠們打算回家，但雪太厚了，無法行走，只好擠作一團，等待農夫來救牠們。

農夫發現4隻羊羔不在羊圈裡，便立刻上山去找，但四處一片雪白，哪裡有羊羔的影子啊。正在這時，農夫突然發現遠處有一個小黑點，便快步跑過去。到那裡一看，果然是他那瀕臨死亡的4隻羊羔。

農夫抱起小黑羊，感慨地說：「多虧小黑羊，不然，羊兒可能要凍死在雪地裡了！」

生在這個世界上，每個人都希望擁有健全的機體、美麗的容顏和聰明的頭腦，可是，又有幾人能夠佔得天機，成為人人所羨慕的「天鵝」呢？大部分人都是不斷努力卻又不斷失望的醜小鴨罷了。

西方人把身體有缺陷的人比喻為「被上帝咬了一口的蘋果」，假如你不幸成為那一個蘋果，你應該慶幸，上帝特別偏愛你。所以，別再為你自身的缺陷而苦惱，你的缺陷也許正是帶給你幸運的福音。苦惱於自己的劣勢，並為此而自卑，不如想辦法將劣勢轉化為優勢。能夠善於將劣勢轉化為優勢的人才是真正的聰明人。

我們每個人都是一個獨特的存在，人生的意義就是實現這個獨特的自我，將自己的才能發揮到極致。要知道，命運在向你關閉一扇門的時候，一定會向你敞開另一扇門。

在滾滾紅塵中，生命有如滄海一粟，不要讓自卑佔據你整個心靈。拒絕自卑吧！並時常提醒自己「天生我材必有用」，生活不會也不可能將你遺忘，你也將有屬於自己的位置。

第十一堂課

【你有你的路，你的夢】——別人的優秀無法阻止你的成功

嫉妒背後隱藏的是一顆極度自卑的心靈

你的心裡嫉妒誰，你就是在心裡為誰唱頌歌。

嫉妒，從某種意義上來說，是一種自卑。一個自信的人，絕不會嫉妒別人比自己優秀，相反，自卑的人往往容易產生嫉妒，因為他總在否定自己，懷疑自己不如別人。

一群魔鬼閒來無事，想看人類的笑話，就打賭說，看誰能引誘得道高僧露出醜惡的一面，便能獲得新的魔法。

魔鬼們一個個開始大顯身手。

第一個魔鬼裝扮成商人，要求高僧在寺院裡鑄一座自己的銅像，讓往來上香的人膜拜，高僧就能得到享用不盡的財寶。高僧義正詞嚴地拒絕了魔鬼的要求。

接著，第二個魔鬼出場。他化身為婀娜多姿的妙齡少女，在夜黑風高的晚上潛入高僧的禪房，眼裡充滿期盼的神情，可是還沒等她發嗲，就被高僧轟了出去，魔鬼氣急敗壞。

第三個魔鬼可沒前兩個那麼好心，他用最惡毒的死亡方式折磨高僧，把高僧身上的肉一片一片割去。但高僧眼睛眨也沒眨一下，魔鬼無功而返。

魔王聽說這個有趣的遊戲後，也參與進來。他變成一個普通人，來到高僧的旁邊，輕輕說了句：「你的同門師弟已經當上大住持，你聽說了嗎？」

霎時，高僧莊嚴的面容變得猙獰恐怖，勝過所有看笑話的魔鬼。

這是一個耐人尋味的故事，我們不能不佩服魔王的高深，因為他明白，在高僧道行深厚的背後，隱藏著一顆極度自卑的心靈，因此產生嫉妒。他一直活在師弟的陰影中，備受折磨，或許，師弟並沒有像他想像的那樣優秀，只是他不相信自己。

從本質上說，嫉妒是看到與自己有相同目標和志向的人取得成就而產生一種不恰當的不適應感，是一種承認自己被別人挫敗後的反應。由於羨慕較高水準的生活，想得到較高的地位，或者想獲得較貴重的東西，自己沒得到別人卻得到了，因此產生一種缺陷心理。

莎士比亞著名劇作《奧賽羅》中的主人公，正是由於內心有著很強的自卑情結致使聽信讒言，因此才誤殺愛妻，最後悔不當初，自尋短見。嫉妒是一種赤裸裸的自卑，這樣的人容易產生嫉妒。

自卑和嫉妒好比一對孿生兄弟，因為覺得比不上他人，所以產生自卑，但又不願意承認別人比自己好，嫉妒心理便由此產生了。然而，嫉妒並不等同於自卑，它比自卑更為恐怖，因為它可以使一個人迷失心智，如果達到不可收拾的地步，後果不堪設想。它像來自地獄的一塊嘶嘶作響的灼煤，將一切帶入萬劫不復的境地。它像一條蛆蟲，蛀蝕自己，也毀壞了他人，危害遠遠超過自卑。

當然，自卑的人之所以嫉妒，無非是想讓自己變得更好而已，既然如此，當看到自己與別人的差距時，就應該奮勇向前，而不是看著別人眼紅而妒火中燒。「箭欲長而不在於折他人之箭」，茫茫人海自己總有一面長於別人。自己比別人差，想要比別人強，那就不能毀滅、扼殺別人，提高自身的價值與素養才最重要。

懷有崇高的心，才可成就大業

有嫉妒心的人，無法完成偉大的事業，他們會儘量低估別人的偉大，貶低他人的價值。

歷史上大凡有成就的人，都有著崇高的心靈，若因為嫉妒，在自己的心裡長出毒瘤，那麼成功之樹也將枯萎。

莎士比亞說：「您要留心嫉妒啊，那是一個綠眼的妖魔！」嫉妒就像心靈的毒瘤，不斷吞噬你的靈魂，最終，讓你迷失在去往成功的旅途上。《聖經》裡說：「嫉妒是骨中的朽爛。」骨頭是支撐整個身體最為重要的部分，若連骨頭都腐爛了，生命還有什麼意義？同樣的道理，成功也有骨架，嫉妒，無疑會把它侵蝕得面目全非。

亞當和夏娃有兩個兒子，哥哥叫該隱，弟弟叫亞伯。該隱是位地地道道的農夫，整天和土地打交道，雖然生活艱苦，莊稼倒也收成不錯。亞伯是位瀟灑的牧民，過著悠閒自在的遊牧生活，養了一群羊。

有一天，該隱拿地裡的土特產獻給上帝，亞伯則拿羊群中頭生的羔羊和羊油獻給牠。上帝高興地接受了亞伯的供品，卻對該隱的不屑一顧。

該隱妒火中燒，臉上佈滿仇恨的神情。上帝看著不對勁，就問他：「你為什麼惱怒呢，臉色都變了？」

他勉強地笑了笑說：「可能昨天幹活太累，有點不舒服！」

該隱一直對獻禮遭到拒絕的事耿耿於懷，嫉妒迷惑他的心靈，把他一步一步引向罪惡的深淵。

又過了幾天，該隱謊稱自家地裡有件重活需要弟弟幫忙，把亞伯騙到人煙稀少的田野裡，趁他不注意，殘忍地把他殺了。

上帝看到該隱殺死自己的弟弟，就問該隱：「你弟弟亞伯在哪裡？」

該隱回答說：「我怎麼知道？我又不成天守著他！」

看到該隱沒一點悔過之心，上帝勃然大怒，呵斥道：「你都幹了些什麼事，你弟弟在向我哀告，連土地都裂了口。現在你會受土地的詛咒，你種地，地會不再給你效力，你必須在地上飄蕩。」

這是《聖經》中最初的嫉妒，因為嫉妒該隱殺死自己的親弟弟亞伯，自己也受到生生世世的詛咒。試想，如果該隱沒有嫉妒，沒有殺死自己的弟弟，會是怎樣的結局？或許，他開始重新正視自己的過錯，踏踏實實幹活，在下次送祭品的時候，很受上帝寵愛。這樣的可能完全有，因為《聖經》中明確地表示，上帝很看好該隱，只想讓他經歷苦難而悔改，不想讓別人殺他，還給他作了一個記號，並說：「殺該隱的，必遭報七倍。」

嫉妒往往讓具有潛能的人和成功擦身而過，這樣的遺憾不禁讓人想到「既生瑜，何生亮」的周瑜，他才華橫溢卻因內心無法容下才能強於他的諸葛亮，最後被活活氣死；還有同樣嫉妒孫臏的龐涓，也在馬陵之戰中中計身亡；還有《水滸傳》中的白衣秀才王倫，因嫉妒賢能，容不得比自己高明的人，最後死於林沖的刀下。他們本來可以找到自己的位置，一展才華，卻因為心胸狹窄，心生嫉妒，最後落得可悲的下場。一個嫉妒的人是永遠也不會成功的，哪怕一時痛快了，最終也要嘗到苦果。

不要在攀比中迷失自己

關注不到自身的優點，你的價值就會貶值。

俗話說，「人比人，氣死人」，說得一點都不假。在盲目的攀比中，人往往容易產生嫉妒。雖然嫉妒不一定都由攀比引起，但想要阻止嫉妒產生，杜絕攀比必不可少。

小季成績優秀，長得也漂亮，但她有個缺點，就是容不得別人比她更優秀，更漂亮。班上要是哪個女生成績超越她，總會遇到一點小麻煩，剛買來的複習資料不翼而飛，床上爬著毛毛蟲，莫名其妙被人冷落。

班上剛轉來一位新同學小仁，容貌出眾，各門功課也非常優秀，並且彈得一手好琴。小季很惱火，總想找機會除掉這個眼中釘。

小仁報名參加學校歡送畢業生晚會的鋼琴演奏，第一個節目就輪到她，當她從容地坐上琴凳，卻發現鋼琴給人弄壞，發不出聲響。眾目睽睽下，她窘得差點哭出聲來。大家正惋惜，只聽座位中發出嘎巴嘎巴的聲響，滿臉笑容的小季身子突然矮下去許多，但她並未覺察，還得意得很。

後來，校方收到一份揭發小仁作風問題的匿名信，同學們更驚奇地發現小季已變成最小的侏儒。同學們想，照這樣下去，小季遲早有一天會變成細菌，消失不見。

小季像空氣一樣消失在班上。一天，有位同學查字典，翻著翻著，突然發現一個很熟悉的面孔。同學們一起湊過來看，才發現小季縮成「嫉妒」二字，永遠被壓在字典中。

如今，攀比充斥著我們的生活，生活中常常會聽到這樣的話語：「快點看書去，你看人家小明成績多好，而你整天就知道玩。」「唉！住豪宅，開名車的人越來越多，可是我們還騎著摩托車，租房子，這日子怎麼過。」千萬別小看這些隨口說出的話，若是把握不當，危機早已潛藏在裡邊。

嫉妒是攀比帶來的惡果。兩個有差距的人在一起，不服輸的一個總喜歡在暗地裡較勁，總喜歡從自己身上找些超過對方的事安慰自己，偏偏此時找不到，所以就產生了嫉妒。

2005年5月22日，美國佛羅里達州發生了一件令人震驚的慘劇：一名7歲小孩，出於嫉妒，為獨佔父母的愛，趁父母外出時，對自己只有7個月大的妹妹拳腳相加，將其打死。一周之後，證據確鑿，這名男孩才承認自己打死了妹妹。

在我們的身邊也存在這樣的攀比，同事取得了好業績，心裡頓時變得酸溜溜的；朋友的女朋友漂亮，恨不得把她毀容，鄰居中獎心裡偷偷詛咒明天倒大楣；這些無疑是暗地裡攀比才導致的嫉妒。攀比會助長人的嫉妒，就像故事中的小季，本來自己的成績也很優秀，也是個漂亮的女孩，一味和別人攀比，導致做出各種不道德的行為，最後，自食其果。我們應該學會透過適當的比較來鼓勵自己，而不是讓攀比縱容嫉妒之心愈演愈烈，自毀前程。

我不成功，你就必須失敗

當人們設法逃避面對自身的缺點時，通常會想方設法在他人身上挖掘同樣的缺點。

嫉妒是羨慕的極端表現。一個理解羨慕真正含義的人，只會迎頭趕上，而不會因為嫉妒自毀前程。

人生，往往有不同的解法。在某一方面發揮不出自己的實力，並不代表自己沒有用處。每個人來到世上，上帝早已安排好屬於你的位置，只要找準那個位置，找到那片屬於自己的天空，都能生根發芽，破土而生。

雨傘和雨衣是一對好朋友，每到雨天，都很忙碌，它們過得充實，也很快樂。可是，自從主人買來自行車後，雨天就只披雨衣，把雨傘晾在一旁。

每次出門，雨傘都很羨慕雨衣，看著它在主人身上一飄一飄的，就不見了。不過，它倒也樂觀，總用些寬心的話安慰自己：雨天挺冷，在家休息挺好，主人真關心自己。但多嘴的風扇老會問：「雨傘，又閒著呢，怕是要發黴了，還沒機會出去活動活動啊？」

聽風扇這麼一說，雨傘心裡隱隱有些不快，特別是雨衣滿載而歸時，這種感受尤為強烈，像根針扎在心上。大半個夏天快過去了，雨傘都沒工作過幾次，它越來越怨恨雨衣，嫉妒佔據了它的生活。

一天，雨衣剛工作完，就舒舒服服躺在一邊睡覺，雨傘覺得這是個好機會，於是來到雨衣旁，用傘頭把雨衣扎了個洞。做完這一切後，它滿意地回到角落。夜裡，聽見雨衣在呻吟，雨傘露出從未有過的笑容。

又是一個雨天，主人把雨衣拿出來，發現有個破洞很心疼。於是用剪刀，從爛衣服上剪下一塊布，縫在雨衣上。因為主人的手巧，補丁變成了一朵美麗的花，雨衣比以前更漂亮，主人又披上它歡快地走了，這下，雨傘氣得大哭起來。

晚上，雨衣和雨傘聊天，雨衣真誠地對雨傘說，「雨傘，你看你多好，皮膚越來越白，越看越年輕，而我恐怕快不行了。這些日子，風裡來雨裡去的，沒多少日子了！」雨傘羞愧地低下頭，一五一十把心裡的委屈統統道了出來。

雨衣告訴它，「春天來了，你會明白，那是屬於你的季節，人們需要你，而不需要我！你可以走在明媚的陽光下，為人們擋去刺人的光線。」

雨衣和雨傘又做回先前的好朋友。

嫉妒的人往往不能給自己一個好的定位，容易迷失在別人的成就裡。日本作家、教育家池田大作曾說：「櫻花有櫻花的美，梅花有梅花的香，桃花有桃花的色彩，李花有李花的風味。百花爭妍，才會有花園的美麗。」正因為有著不同類型的人，世界才變得豐富多彩，如果每個人都是佼佼者，誰來襯托而凸顯優秀呢？

無論是在學習上，還是生活中，每個人都要在強烈的競爭環境中客觀對待自己。不要把比自己優秀的同學當成與自己有競爭關係的對手，要當成自己前進的動力。學會讚美別人，把別人的成就看作是對社會的貢獻，而不是對自己權利的剝奪或地位的威脅，將別人的成功當成一道美麗的風景來欣賞，你在各方面將會達到一個更高的境界。

如果別人漂亮，而你無法改變父母給予的容貌時，你就把它當作一種享受，心情也會愉悅很多，同時，你可以透過自身的努力，不斷提升自己的內涵，讓自己變得有氣質，因為氣質更難能可貴。如果別人在某方面做得好，你千萬不要因為嫉妒就把他當成死對頭，與他做朋友，學習他的長處，也許你也會變得更加優秀。

第十二堂課

【你終將獲得你想要的】——失去的，你會以另一種方式得到

人生是一個不斷選擇的過程

我們一出生就有一個精神胚胎，我們從小就會在這個精神胚胎的指引下，做出適合自己的選擇。

坐在計程車上，司機問：「先生，是走最短的路，還是走最快的路？」

小尤好奇地問他：「最短的路不是最快的嗎？」

「當然不是，現在是交通尖峰時間，最短的路經常堵車，走的時間就長。您要是有急事，就得繞道走，多跑點路，可能早到……」

「我有急事，當然選擇最快的路。」

走最短的路，還是走最快的路？

一個人不只是在坐計程車時會遇到這種情況，時時刻刻都會面臨這樣的選擇。只要想有出息的人都會選擇走最快的路，而寧願讓自己吃苦受累多走路，因為一個人的一生時間是有限的，機會是有限的，只能選擇最快的路。

有許多人，就因為一生都在走最短的路，結果每每走進死胡同裡，把大好的時間和年華都浪費了。人生需要走些彎路，人生不要怕走彎路，但有一個前提：走彎路是為了走得更快。走最快的路，有時還得走一段艱辛的路，被荊棘劃破皮肉，被亂石扎破腳，但為了快點到達目的地，只能忍受一些苦難。

人生需要選擇，也需要放棄，選擇與放棄是獲得成功的兩個不可缺少的條件。在很多時候，並不是付出就能有回報，關鍵在於你怎麼選擇。

著名的哲學家蘇格拉底娶了一個非常兇悍的妻子。

有一天，一名學生來向他請教說：「老師，我打從心眼裡想要成家，但實不相瞞，看到您的處境，我實在沒有足夠的勇氣結婚，您說這該怎麼辦呢？」

蘇格拉底說：「無論你是想結婚還是抱獨身主義觀點都無所謂，只要是選擇自己所喜歡的路去走就對了。」

學生聽了老師的話後滿意地點點頭，正要轉身離開的時候，又聽到蘇格拉底從背後傳來一句：「反正不管走哪條路，到最後都不要後悔。」

這個學生一聽立即又轉身回來，不解地問道：「老師！究竟是結婚好，還是不結婚好？因為我實在弄不懂您剛才所說的話。」

蘇格拉底神色自若地說：「結婚是絕對必要的，假使你娶到賢妻會得到幸福，如果不幸討到一個惡婆娘，則可以成為一位哲學家。」

人的一生就是一個選擇的過程，面對每一次選擇我們都該認真去做，而選擇過後，絕不要後悔，即使選擇的後果不盡如人意，你也要從另一個角度去看待，發現它的妙處。

我們的人生就好像是一條曲線，雖然起點和終點無法選擇，但是起點和終點之間的距離卻充滿著無數個選擇的機會。不少人的生活就像秋風捲起的落葉，漫無目的地飄蕩，最後停在某處，乾枯、腐爛。

為了促進個人的成長，獲得幸福，你必須學會駕馭生活。你必須自己選擇服裝，自己選擇朋友，自己選擇工作。

決定性的選擇需要果斷和勇氣。這果斷和勇氣，有猜測和賭博的成分，但更多的是理智的判斷。

不切實際地一味執著，是一種愚昧和無知

一些擁有無法達成的非理性目標的人群，他們會不斷強迫自己完成不可能實現的目標，並且只以生產力與成就來衡量自己的價值。

人生是艱難的航行，絕不會一帆風順。當必須放棄時，就果斷地放棄。有所放棄，才能有所追求。什麼也不願放棄的人，反而會失去最珍貴的東西。人世間的一切權勢紛爭都不過是過眼雲煙，何必讓身外之物、無聊之事困擾終生？只有當機立斷，放棄那些次要的、枝節的、不切實際的東西，你的世界才能風和日麗，晴空萬里，你才會豁然開朗地領悟「小捨小得，大捨大得，不捨不得」的真諦。

法國的一個鄉村下了一場非常大的雨，洪水開始淹沒全村。一位非常虔誠的神父在教堂裡祈禱，眼看洪水已經淹到他跪著的膝蓋了。

這時，一個救生員駕著舢板船來到教堂，跟神父說：「神父，快！趕快上來！不然洪水會把你淹沒的！」

神父說：「不！我要守著我的教堂，我深信上帝會救我的。上帝與我同在！」

過了不久，洪水已經淹過神父的胸口了，神父只好勉強站在祭壇上。這時，一個員警開著快艇過來，跟神父說：「神父，快上來！不然你真的會被洪水淹死的！」神父說：「不！我要守著我的教堂，我相信上帝一定會來救我。你還是先去救別人好了！」又過了一會兒，洪水已經把整個教堂淹沒了，神父只好緊緊抓著教堂頂端的十字架。一架直升機緩緩飛過來，丟下繩梯之後，飛行員大叫：「神父，快！快上來！這是最後的機會了，我們不想看到洪水把你淹死！」

神父還是意志堅定地說：「不！我要守著我的教堂！上帝會來救我的！你先去救別人，上帝會與我同在的！」

神父剛說完，洪水滾滾而來，固執的神父被淹死了。

在人生的每一個關鍵時刻，應審慎地運用智慧，做最正確的選擇，同時別忘了及時審視選擇的角度，適時調整。要學會從各個不同的角度全面研究問題，放棄無謂的固執，冷靜地用開放的心胸做正確的抉擇。

成功者的秘訣是隨時審視自己的選擇是否有偏差，合理地調整目標，適時地放棄，輕鬆地走向成功。不切實際地一味執著，只會讓人變得愚昧和無知。所以在適當的時候，我們應該學會取捨，學會放棄。

不可否認，從小到大，我們受到的教育都是如何努力，如何堅持，如何永不言棄。但其實在很多時候，我們更應該學會如何放棄。

小溪放棄平坦，是為了回歸大海的豪邁；黃葉放棄樹幹，是為了期待春天的蔥蘢。蠟燭放棄完美的軀體，才能擁有一世的光明；心情放棄凡俗的喧囂，才能擁有一片寧靜。

想要得到野花的清香，必須放棄城市的舒適；想要得到永久的掌聲，必須放棄眼前的虛榮。

放棄了薔薇，還有玫瑰；放棄了小溪，還有大海；放棄了一棵樹，還有整個森林。

沒有果敢的放棄，就沒有輝煌的選擇。與其苦苦掙扎，撞得頭破血流，不如瀟灑地揮揮手，勇敢地選擇放棄。歌德說過：「生命的全部奧秘就在於為了生存而放棄生存。」

放棄不是噩夢方醒，不是六月飛雪，也不是優柔寡斷，更不是偃旗息鼓，而是一種拾級而上的從容，閒庭信步的淡然。

放下包袱，生命不必如此沉重

和自己的欲望抗爭是很難堪的，因為這種勝利代表著你的理性戰勝了人性。

一個背著大包裹的憂愁者，千里迢迢跑來找無際大師，他訴苦道：「大師，我是那樣的孤獨、痛苦和寂寞，長期的跋涉使我疲倦到極點，我的鞋子破了，荊棘割破雙腳，手也受傷了，流血不止，嗓子因為長久的呼喊而沙啞……為什麼我還不能找到心中的陽光？」

大師問：「你的大包裹裡裝的是什麼？」

憂愁者說：「它對我可重要了。裡面是我每一次跌倒時的痛苦，每一次受傷後的哭泣，每一次孤寂時的煩惱……靠著它，我才能走到您這兒來。」

於是，無際大師帶憂愁者來到河邊，他們坐船過了河。上岸後，大師說：「你扛著船趕路吧！」

「什麼？扛著船趕路？」憂愁者很驚訝，「它那麼沉，我扛得動嗎？」

「是的，孩子，你扛不動它。」大師微微一笑，說，「過河時，船是有用的。但過了河，我們就要放下船趕路。否則，它會變成我們的包袱。痛苦、孤獨、寂寞、災難、眼淚，這些對人生都是有用的，它能使生命得到昇華，但總是念念不忘就成了人生的包袱。放下它吧，孩子！生命不必如此負重。」

憂愁者放下包袱，繼續趕路，他發覺自己的步子輕鬆而愉悅。原來，生命是可以不必如此沉重的。

人生在世，當魚和熊掌不能兼得的時候，繼續執著於「兼得」而拒絕捨棄，這不是智者的行為。精明者敢於放棄，聰明者樂於放棄，高明者善於放棄。人，其實天生就懂得放棄，但放棄不是盲目的，而是要懂得選擇，重在選擇。

放棄是智者面對生活的明智選擇，是一種量力而行的睿智，更是一種顧全大局的果敢。它不盲目、不狹隘，它對心靈是一種滋潤，它驅散了烏雲，它清掃了心房。

放棄並不完全代表著失敗和氣餒，明智的放棄是為了得到。有時，選擇了放棄，便選擇了成功和獲得。

在生活中，總有很多的無奈需要我們去面對，總有很多的道路需要我們去選擇。放棄一些原本不屬於自己的東西，去把握和珍惜真正屬於自己的東西！

人是一種很奇怪的動物，以為擁有的東西越多，自己就會越快樂。所以，這就迫使我們沿著追尋獲得的路走下去。可是，有一天，我們忽然驚覺：我們憂鬱、無聊、困惑、無奈……我們失去了一切的快樂，其實，我們之所以不快樂，是我們渴望擁有的東西太多了，欲望的負累讓我們執迷在某些事物上了。

懂得放棄才有快樂，背著包袱走路總是很辛苦。中國歷史上，「魏晉風度」常受到稱頌，他們不同於佛、老子、孔子，但在入世的生活裡，又有一份出世的心情，說到底，是一種不把心思凝結在一個死結上的心態。

在生活中，我們時刻都在取與捨中選擇，我們又總是渴望著取，渴望著佔有，常常忽略了捨，忽略了佔有的反面：放棄。懂得了放棄的真義，也就理解了「失之東隅，收之桑榆」的妙諦。多一點中庸的思想，靜觀萬物，體會與世界一樣博大的詩意，我們自然會懂得，適時放棄正是我們獲得內心平衡、獲得快樂的好方法。

失去是另一種獲得

面臨失去時，心要學會放下，誠實面對，不要去強調失去本身，而是要強調這件事情對生活的正面影響。

人生就像一場旅行，在行程中，你會用心去欣賞沿途的風景，同時也會接受各種各樣的考驗，這個過程中，你會失去許多，但是，你同樣也會收穫很多，因為，失去是另一種獲得。

有一位住在深山裡的農民，經常感到環境艱險，難以生活，於是便四處尋找致富的好方法。一天，一位從外地來的商販給他帶來了一樣好東西，儘管在陽光下看去那只是一粒粒不起眼的種子。但據商販講，這不是一般的種子，而是一種叫做「蘋果」的水果的種子，只要將其種在土壤裡，兩年以後，就能長成一棵棵蘋果樹，結出數不清的果實，拿到集市上，可以賣好多錢呢！

欣喜之餘，農民急忙將蘋果種子小心收好，但腦海裡隨即湧現出一個問題：既然蘋果這麼值錢、這麼好，會不會被別人偷走呢？於是，他特意選擇了一塊荒僻的山野來種植這種頗為珍貴的果樹。

經過近兩年的辛苦耕作，澆水施肥，小小的種子終於長成了一棵棵茁壯的果樹，並且結出了纍纍碩果。

這位農民看在眼裡，喜在心中。嗯！因為缺乏種子的緣故，果樹的數量還比較少，但結出的果實也肯定可以讓自己過上好一點的生活。

他特意選了一個吉祥的日子，準備在這一天摘下成熟的蘋果，挑到集市上賣個好價錢。當這一天到來時，他非常高興，一大早便上路了。

當他氣喘吁吁爬上山頂時，心裡猛然一驚，那一片紅燦燦的果實，竟然被外來的飛鳥和野獸們吃了個精光，只剩下滿地的果核。

想到這幾年的辛苦勞作和熱切期望，他不禁傷心欲絕，大哭起來。他的財富夢就這樣破滅了。在隨後的歲月裡，他的生活仍然艱苦，只能苦苦支撐下去，一天一天地熬日子。

不知不覺之間，幾年的光陰如流水一般逝去。

一天，他偶然來到了這片山野。當他爬上山頂後，突然愣住了，因為在他面前出現了一大片茂盛的蘋果林，樹上結滿了纍纍碩果。

這會是誰種的呢？在疑惑不解中，他思索了好一會兒才找到了一個出乎意料的答案。這一大片蘋果林都是他自己種的。

幾年前，當那些飛鳥和野獸在吃完蘋果後，就將果核吐在了旁邊，經過幾年的生長，果核裡的種子慢慢發芽生長，終於長成了一片更加茂盛的蘋果林。

現在，這位農民再也不用為生活發愁了，這一大片林子中的蘋果足以讓他過上溫飽的生活。

在生活中，人們常常為了自己的失去而哀嘆，但其實在很多時候，失去是另一種獲得。生活為你關上了一扇門，必然會為你打開另一扇門。你失去了一樣東西，必然會在其他地方有所收穫。所以，只要你心態樂觀，相信有失必有得，那麼你的生活裡將永遠不會出現陰霾。當生活需要你做出捨棄的時候，你也能正確地看待失去，不會被眼前的得失困住雙腳，而是會相信，眼前的失去必然會給你帶來另一番收穫。

第十三堂課

【給心靈流感開個處方】——給心靈安扇落地窗，讓陽光肆意流淌

遠離攀比，走進「不抱怨的世界」

每個人對幸福的認定標準不同，不必在乎別人是否贊同，重要的是自己滿足與否。

生活的差別無處不在，於是人們在差別中不由自主地產生了攀比的心理，而盲目攀比卻讓人們習慣性地將自己所做的貢獻和所得的報酬與一個和自己條件相當的人進行比較。如果這兩者之間的比值大致相等，那麼彼此就會有公平感。如果某一方的比值大於另一方，那麼另一方就會產生心理失衡，從而不自覺地抱怨。

攀比是不滿足的前提和誘因，在沒有原則、沒有節制地比安逸、比富有、比闊氣中，人們的心理會失去平衡，變得越發不滿足。有的人會為自己能在這些錯誤的攀比中出人頭地、佔據上風而無限度地追求個人名利，使自己不斷走向腐化墮落的深淵。

某機關的公務員小季，過著安分守己的平靜生活。有一天，他接到一位高中同學的電話，邀請他參加同學聚會。十多年未見，小季帶著重逢的喜悅前往赴會。昔日的老同學經商有道，住著豪宅，開著名車，一副成功者的派頭。聚會完畢，小季重返機關上班，好像變了一個人，整天唉聲嘆氣，逢人便訴說心中的煩惱。「這小子，以前考試老不及格，憑什麼現在有那麼多錢？」他說。

「我們的薪水雖然無法和富豪相比，但不也夠花了嗎？」他的同事安慰他說。

「夠花？我的薪水攢一輩子也買不起一輛賓士車。」小季心疼得跳了起來。

「我們是坐辦公室的，有錢我也犯不著買車。」他的同事看得很開。但小季卻終日鬱鬱寡歡，後來得了重病，臥床不起。

由此可見，攀比是一把刺向自己心靈深處的利劍，對人對己毫無益處，傷害的只是自己的快樂和幸福。

生活中有些人羨慕那些明星、名人，日日淹沒在鮮花和掌聲中，名利雙收，以為世間苦痛都與他們無緣。其實走進明星、名人的生活，他們同樣有著不為人知的辛酸。名導謝晉的兒子是弱智；美國前總統雷根曾幾度風光，晚年卻備受不孝逆子的敲詐、虐待，戴安娜如果沒有魂斷天涯，幾人知道她與查爾斯王子那場「經典愛情」竟是那般不堪……

俗話說，人生失意無南北，宮殿裡也會有悲慟，茅屋裡同樣也會有笑聲。只是，平時生活中無論是別人展示的，還是我們關注的，總是風光的一面，得意的一面，這就像女人的臉，出門的時候個個都描眉畫眼，塗脂抹粉，光鮮亮麗，這全都是給別人看的。回到家後，一個個都素面朝天，這就難怪男人們感嘆：「老婆還是別人的好。」

於是，站在城裡，嚮往城外，一旦走出圍城，就會發現生活其實都是一樣的，所以，不要再把生命浪費在和別人對比上了，當你忙於攀比時，眼睛裡看到的永遠是別人擁有而自己缺少的，卻看不到自己擁有而別人缺少的，從而無法真正欣賞自身。

其實我們大可不必對自己太苛求，因為別人未必就一定過得比你好。我們每個人身上都有令人羨慕的東西，也有自己缺少的東西，沒有一個人能擁有世界的全部，重要的在於自己的內心感受。那些心態平和的人也許生活中物質的享受並不比任何人好，只是他能接受自己，覺得自己好而已。

那些總是抱怨自己不幸的人，不要用沉重的欲望迷惑自己，不要總是看到你還不曾擁有的東西，而要靜下心來，放下心靈的負擔，仔細品味你已擁有的一切。學會欣賞自己的每一次成功、每一份擁有，你就不難發現，自己竟會有那麼多值得別人羨慕的地方，幸福之神已在向你頻頻招手。

孤獨，是憂愁的伴侶，也是智者的密友

孤獨是一種很難受的負面情緒，它的特徵是普遍不快樂、悲觀，而且使人自責。因此，每次有孤獨上身時，我們都要學會調適和自我安慰，在腦袋裡製造一個強而有力的正面心象。

孤獨是現代文明帶給人類的「文明病」。在很多人看來，電視就是都市人走向孤獨的第一個教唆犯。伴著電子遊戲、電子寵物、音響以及豢養的諸如名貓、名犬等動物，加之陽臺上養殖的各種各樣開放得不合時宜的花草，都使人們在極力擺脫孤獨的同時，反而更深地陷入孤獨的深淵。

邱治是個1982年出生的女孩子，從小生活在母親的庇護之下。到了27歲的門檻上，沒有任何戀愛經驗的她瘋狂地想結婚，說自己漂泊在北京，有著無盡的孤獨，她不是在相親就是在尋找相親機會的路上，儼然一個《遜女郎》裡面的「結婚狂」。

很多人應該能體會這個女孩的心理。孤獨是既不愛人也不被人愛的一種失重狀態，是處於不關心他人也不被他人關心的人生夾壁，因此擺脫孤獨的唯一方式在人而不在物，即以愛人之心冰釋不被人愛的人生尷尬。

有的人會把孤獨與空寂相等同，事實上，孤獨與空寂這兩件事存有極大的差異。

孤獨是一種完全與外界切斷，沒有明顯理由而突然非常害怕的感覺。如果你的心中感覺什麼都無法依賴，沒有任何一種分心的方法能解除你這種自我封閉式的空虛，你就明白什麼是孤獨了。

但是空寂完全不同，那是一種解脫的境界，當你經歷過孤獨，並且明白孤獨是什麼以後，空寂就來到了。那是一種在心理上不再依賴任何人的境界，因為你已經不再追求娛樂、舒適及滿足。只有在這個時刻，你的心才是完全獨立的，也只有這種心智才具有創造力。

當孤獨的痛苦籠罩你的時候，你就面對它、看著它，不要產生任何想逃走的念頭。如果你逃走了，你就永遠也不會瞭解它，它就永遠躲在一角伺機而動。如果你能瞭解孤獨並且超越它，你就會發現根本不需要逃避它，於是也就不再有那種追求滿足和娛樂的衝動了，因為你的心已經獲得了一種不會腐敗、也無法毀滅的圓滿。

當然，孤獨也有兩面性，孤獨帶來的內心失落，又能強化我們的心靈。法國思想家布雷茲・巴斯卡曾經說過：「所有人類的不幸，都起始於無法一個人安靜地坐在房間裡。」

孤獨是一種難得的感覺，在感到孤獨時輕輕地合上門和窗，隔去外面喧鬧的世界，默默地坐在書桌前，用粗糙的手掌愛撫地拂去書本上的灰塵，翻著書頁又嗅到了久違的紙墨清香。正像作家紀伯倫所說：「孤獨，是憂愁的伴侶，也是精神活動的密友。」孤獨，是人的一種宿命，更是精神優秀者必然選擇的一種命運。

在塵世中，無數人眷戀人生的轟轟烈烈，以拜金主義為唯一原則而沒頭沒腦地聚集在一起互相排擠、相互廝殺。可是生活的智者卻總能以孤獨之心看孤獨之事，自始至終都保持獨立的人格，流一江春水，細浪淘洗勞碌之身軀，存一顆嫻靜淡泊之心，寄寓無所棲息的靈魂。所以，孤獨既是憂愁的伴侶，也是智者的密友，它會給你帶來正面還是負面的影響，完全取決於你怎麼看它。

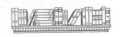

別讓焦慮的水滴穿透心靈

逃避回想創傷性和焦慮性的事件往往會促使這些事件在我們的頭腦中不斷出現，從而引發一個惡性循環，使焦慮性障礙持久而難以擺脫。

焦慮是人生的毒藥，是滋生無數罪孽和悲慘不幸的溫床。在這個不確定的社會裡，我們可能已經極度失望，掙扎在痛苦中尋求一些幸福的希望，那麼為何還要縱容焦慮來擾亂我們的心靈？告別焦慮，你才能開創新生活。

形形色色的焦慮充斥人們的生活，不勝枚舉，它們像細菌一樣侵蝕人們的靈魂和肌體，妨礙人們的正常生活，影響人們的身心健康。所以，走向幸福生活，應該從拒絕焦慮開始。

古時候，殘忍的將軍要折磨他們的俘虜時，常常把俘虜的手腳綁起來，放在一個不停往下滴水的袋子下面，水夜以繼日滴著……，最後，這些不停滴落在頭上的水，變成好像是用槌子敲擊的聲音，使俘虜精神失常。這種折磨人的方法，以前西班牙宗教法庭和希特勒手下的德國集中營都曾經使用過。

焦慮就像不停往下滴的水，而那不停地往下滴的焦慮，通常會使人心神喪失，使人生變得灰暗至極。

有一個已到知天命之年的老婦人得了一種怪病——她一聽到「餓」字，馬上就「餓得前胸貼後背」，即使兩小時前她剛吃過飯。她一天吃十多頓飯，但依然感覺饑腸轆轆。

退休後不久，就陷入饑餓感中。「感到餓就吃，才吃一點馬上就不餓了，過一會兒，又感到餓。」

老婦人說，隨著時間的流逝，饑餓感的頻率和強度不斷加強。「吃完飯不到兩個小時，又餓得心慌，一聽到別人說餓，馬上就覺得自己腹中空空，就是晚上，也要爬起來吃上三、四頓飯。」她痛苦極了。

為此她四處求醫，有醫生認為她患了胃潰瘍，但檢查結果是一切正常。日子一天天過去，她的饑餓感越來越強烈，已經達到了只要別人一說「餓」字，她就會焦慮得「頭髮都豎立起來」的狀態。她到心理醫生那裡看病時，還隨身攜帶了大量的速食麵、三明治等食品，只要一餓，馬上就吃。這一天她吃了13頓飯。

經過心理專家診斷，老婦人患的是非常嚴重的焦慮障礙，主要是對「餓」很敏感，產生了焦慮心理，這也與她一餓就吃，一吃就飽，每次食量只有一點點有關。

確診後，心理衛生中心的專家用特殊治療方案對她進行治療。一周後，老婦人的饑餓感不再那麼強烈；兩周後，饑餓感得到初步緩解；到了第三周，老婦人嚴重的饑餓焦慮症已得到很大改善。

專家指出，這種病是心理原因所致，因此，保持一個良好的心態非常重要。

其實，你沒有理由焦慮，因為痛苦和沮喪對你而言並不是一種甜蜜的享受。所以今天就痛下決心與焦慮決裂吧。徹底消除生活中的焦慮，會使你獲得一種全新的自由感受。

戰勝焦慮的方法之一是客觀冷靜地分析、評估你所處的境遇，確定和估計一下可能發生的最糟糕的結果。經過分析，會發現最壞的結果並沒有糟到山崩地裂、地球爆炸的程度，而如果壞事一旦真的發生，你也可以承受它。有意思的是，我們預先擔憂的事通常不會發生。就算不幸真的發生了，也往往沒有預計中的可怕，損失也並不那麼慘重。

其實大災大禍在你身上發生的機率微乎其微，人們總是習慣花很多時間和精力去擔憂也許永遠也不會發生的事，其實這真是杞人憂天，完全沒有必要的。如果你能冷靜接受你所遭遇的每一件事，你就沒有必要去焦慮。

第十四堂課

【學會做自己的開心果】——不如意如按摩石，硌腳但有益

你會輸給很多人，這很正常

要使自己戰勝所有的對手是不可能的，你必須具備隨時應對失敗的能力。

我們每個人都有別人力不能及的長處，也有不及他人的短處，重要的是不要為了「面子」而汲汲於自己的短處，而應該勇敢的看到自己的不足，並且能夠在看到自己不如別人的時候坦然的面對。

一位作家的寓所附近有一個賣油麵的小攤子。一次，這位作家帶孩子散步路過，看到生意極好，所有的椅子都坐滿了人。

作家和孩子駐足觀看，只見賣麵的小販把油麵放進燙麵用的竹撈子裡，一把塞一個，僅在剎那之間就塞了十幾把，然後他把疊成長串的竹撈子放進鍋裡。

接著他又以極快的速度，熟練地將十幾個碗一字排開，放鹽、味精等佐料，隨後他撈麵、加湯，做好十幾碗麵的時間竟不到五分鐘，而且還邊煮邊和顧客聊著天。

作家和孩子都看呆了，當他們從麵攤離開的時候，孩子突然抬起頭來說：「爸爸，我猜如果你和賣麵的比賽賣麵，你一定輸！」

對於孩子突如其來的話，作家莞爾一笑，並且立即坦然承認，自己一定輸給賣麵的人。作家說：「不只會輸，而且會輸得很慘。我在這世界上是會輸給很多人的。」

他們在豆漿店裡看夥計揉麵粉做油條，看油條在鍋中脹大而充滿神奇的美感，作家就對孩子說：「爸爸比不上炸油條的人。」

他們在餃子飯館，看見一個夥計包餃子如同變魔術一樣，動作輕快，雙手一捏，個個餃子大小如一，晶瑩剔透，作家又對孩子說：「爸爸比不上包餃子的人。」

「尺有所短，寸有所長」，一個人若刻意追求「面面俱到」，以使自己在人前人後佔盡風光，其結果只能是徒耗精力，事與願違。

因此，故事中的父親坦然承認自己的技不如人之處，並將這種豁達大度的生活態度教給自己的孩子，使他能在今後的生活中，坦然面對自己的弱勢，不因虛榮而盲目與人、與自己較勁，這不能不說是明智之舉。

當我們放眼這個世界的時候，如果以自我為中心，很可能會自以為了不起，可是一旦我們平靜下來，用坦誠的心去觀察自己，你就會發現自我是多麼的渺小。我們什麼時候看清自己不如人的地方，那就是對生命真正有信心的時候。

人生道路上，我們常常被那些華麗而光彩的語句擊昏了頭，以不屈不撓、百折不回的精神堅持自己的強勢，在一小方領域裡死不認輸，最後卻輸掉了整個人生。所以，正確剖析自己，敢於承認技不如人，走出面子圍城，這不是軟弱，而是人生的智慧。

人生下來不是為抱著鎖鏈，而是展翅飛翔

許多人在遇到麻煩或陷入困境時，他們並沒有想過，真正限制他們的，不是外界的種種問題，而是我們思維裡看不見的那堵牆。

美國著名的高空走鋼索表演者瓦倫達在一次重大的表演中，不幸失足身亡。他的妻子在事後說：「我知道這一次一定會出事，因為他上場前總是不停地說：『這次太重要了，不能失敗，絕不能失敗』；而以前每次成功表演，他只想著走鋼索這件事本身，而不去管這件事可能帶來的一切後果。」後來，人們就把專心致志於事情本身而不去管這件事的意義，沒有患得患失的心態，叫做「瓦倫達心態」。

凡事一旦行動起來就容易達到「瓦倫達心態」。因為，一旦迅速進入行動狀態後，就來不及多想。逼上梁山，背水一戰，絕無退路，這樣反而容易成功。

美國作家約翰・葛羅根指出：「無論做什麼事情，開始時，最為重要的是不要讓那些愛唱反調的人破壞了你的理想。」美國史丹佛大學的一項研究也表明，人腦裡的某一圖像會像

實際情況那樣刺激人的神經系統。比如，當一個高爾夫球手擊球時一再告訴自己不要把球打進水裡時，他的大腦裡往往就會出現掉進水裡的情景，而結果往往是球真的掉進水裡。這項研究從另一個方面證實了「瓦倫達心態」。

「先投入戰鬥，然後再見分曉。」拿破崙如是說。只有行動起來，才能讓我們忘卻焦慮、緊張。

其實，面對人生，你還有一種不同的選擇。你可以當機立斷，運用我們內在的能力，當下立即掙開消極習慣的捆綁，改變自己所處的環境，投入另一個嶄新的積極領域中，使自己的潛能得以發揮，讓自己實現真正的飛翔。

1968年，在墨西哥奧運會的百米賽場上，美國選手海恩斯撞線後，激動地看著運動場上的計時牌。當指示器打出9.9秒的字樣時，他攤開雙手，自言自語地說了一句話。

後來，有一位叫大衛的記者在重播當年的賽場實況時再次看到海恩斯撞線的鏡頭，這是人類歷史上第一次在百米賽道上突破10秒大關。看到自己破紀錄的那一瞬，海恩斯一定說了一句不同凡響的話，但這一新聞點，竟被現場的四百多名記者疏忽了。

因此，大衛決定採訪海恩斯，問問他當時到底說了一句什麼話。

大衛很快找到海恩斯，問起當年的情景，海恩斯竟然毫無印象，甚至否認當時說過什麼話。

大衛說：「你確實說了，有錄影帶為證。」

海恩斯看完大衛帶去的錄影帶，笑了。他說：「難道你沒聽見嗎？我說：『上帝啊，那扇門原來是虛掩的。』」

謎底揭開後，大衛對海恩斯進行了深入採訪。

自從歐文斯創造了10.3秒的成績後，曾有一位醫學家斷言，人類的肌肉纖維所承載的運動極限，不會超過每秒10米。

海恩斯說：「30年來，這一說法在田徑場上非常流行，我也以為這是真理。但是，我想，自己至少應該跑出10.1秒的成績。每天，我以最快的速度跑5公里，我知道百米冠軍不是在百米賽道上練出來的。當我在墨西哥奧運會上看到自己9.9秒的紀錄後，驚呆了。原來，10秒這個門不是緊鎖的，而是虛掩的，就像終點那根橫著的繩子一樣。」

後來，大衛撰寫了一篇報導，填補了墨西哥奧運會留下的一個空白。不過，人們認為它的意義不限於此，海恩斯的那句話，為我們留下的啟迪更為重要。

命運的門總是虛掩的，它會給我們留下一道開啟的縫隙，可是我們寧願相信那是一堵不可穿越的牆。於是，我們獨特的創意被自己抹殺，認為自己無法成功；難以成為配偶心目中理想的另一半；無法成為孩子心目中理想的父母、父母心目中理想的孩子。然後，開始向環境低頭，甚至開始認命、怨天尤人。

這一切都是我們心中那條繫住自我的鎖鏈在作祟罷了。或許，你必須耐心靜候生命中來一場大火，逼得你非得選擇掙斷鏈條或甘心遭大火席捲。或許，你將幸運地選擇前者，在掙脫困境之後，語重心長地告誡後人，人必須經苦難磨練方能成長。

跌倒爬起時，別忘了撿起那個叫經驗的東西

逆境並不總是壞事，它可能顯現出更多選擇和啟發，而這些在順境時往往無法被意識到。

所謂失敗，從事實上來講，是一種沒有結果的頹廢，但從經驗累積的層面上說，其實是一種難得的經歷與收穫。硬幣有兩面，有時也要反過來看，我們需要的恰恰是從失敗中找尋一種叫做規律的東西。

之所以很多人在失敗面前悲悲切切，更多的是一種對付出後沒有回報的自憐和失落。他們缺乏一種迅速調整的能力，尤其是積極思考問題的能力。他們的悲哀，常常在於失敗後缺乏足夠的智慧和勇氣，跳不出習慣性的誤導，總是自覺不自覺地在同一條路上前行。

美國家喻戶曉的化妝品行業「皇后」玫琳凱就是大器晚成的一個例子，她的創業經歷了不少彎路，但她從來不灰心、不洩氣。我們也許可以從她身上悟到一些東西。

20世紀60年代初，玫琳凱已經退休。過分寂寞的退休生活使她突然決定冒一冒險，把一

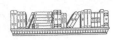

輩子積蓄下來的5000美元作為全部資本，創辦了玫琳凱化妝品公司。

創業的路是艱難的，經過多重努力，她終於迎來創建公司後的第一次展銷會。懷著極大的信心，她推出了一連串功效奇特的護膚品。她以為這次活動一定會引起轟動，獲得成功。可是，「人算不如天算」，整個展銷會下來，她的公司只賣出去15美元的護膚品。

對於高齡的創業女性來說，這是個不小的挫敗感。玫琳凱不禁失聲痛哭，而在哭過之後，她反覆地問自己：「玫琳凱，你究竟錯在哪裡？」

經過認真的分析，她終於悟出了一點：在展銷會上，她的公司從來沒有主動請別人來訂貨，也沒有向外發訂單，而是希望女姓顧客們自己上門來買東西……難怪在展銷會上落得如此的後果。這些可能別人一看就能明白的道理，玫琳凱卻著實用自己的經歷買了一次單。

不過，她並沒有沉溺在自己走過彎路的遺憾中，而是擦乾眼淚，大膽地決定，在掌握生產管理的同時，一定要闊大銷售的市場……

經過20年的苦心經營，玫琳凱化妝品公司由初創時的雇員9人發展到現在的5000多人，公司年銷售額超過3億美元。

玫琳凱終於實現了自己的夢想。已經步入晚年的玫琳凱能創造如此的奇蹟，並不是上天的憐憫，而是她面對挫折時，永不服輸的精神。失敗很常見，但失敗之後，不「偃旗息鼓」，不被困難擊倒，不向命運屈服，那麼你的人生路上定會綻放無數的成功之花。

聰明人不會任自己永遠徘徊在失敗的陰影之下，相反，他們總是把所有的「失敗」都看作「尚未成功」。在遭遇一次次失敗的時候，他們會始終以一個積極的心態來面對。不論多麼困難，他們都鼓勵自己再試一次。

一位成功人士說得好：「失敗意味著你尚未達到追求的目標，或者是離目標遠了一些。就像在追求過程中摔了一跤，或在山路上打了個『滑』，摔跤和『打滑』並不能說明全部，只是說明前進暫時受阻，但這種受阻很可能只是一個小小的插曲，它只會使你未來的勝利和成功更刺激、更有價值。」

心理學家認為，潛意識就像一塊肥沃的土地，如果不在上面播撒成功的種子，就會野草叢生，一片荒蕪。積極的心理暗示可以自動地把成功的種子和創造性的思想播入潛意識的沃土裡。經常進行積極自我暗示的人，在挫折面前看到的是成長的機會和希望；而經常進行消極自我暗示的人，在希望和機會面前看到的卻是問題和困難。

自我暗示所形成的意識，決定了一個人能否成功。如果你希望自己成為一名成功人士，就不要忘記自我暗示這個法寶，運用它來使自己鼓足勇氣，超越失敗，走向勝利。

希望的唯一用處是憧憬

常勝者，既不過分悲觀，也不過分樂觀。他的危機意識是用來化除危機；他的希望源自於知道未來永遠有好轉的可能。

一個人無論面對怎樣的環境，怎樣的困難，都不能放棄自己的信念，放棄對生活的熱愛。很多時候，打敗自己的不是外部環境，而是你自己。只要一息尚存，我們就要追求、奮鬥。即便遭遇再大的困難，我們都要化解、克服，於逆風之處扶搖直上，做到「人在低處也飛揚」。

面對逆境和挫折時，我們不要退縮，更不要埋怨挫折對你無休止的磨難，要學會用心靈打磨挫折，用熱情去迎接挫折，用堅韌不拔的意志去戰勝挫折。順境和逆境在一定條件下是會互相轉化的。只要秉持信念之燈繼續前進，一定能到達陽光地帶。

1939年，德國軍隊佔領了波蘭首都華沙，此時，卡亞和他的女友迪娜正在籌辦婚禮。卡亞做夢都沒想到，他會和其他猶太人一樣，在光天化日之下被納粹推上卡車運走，關進了集中營。卡亞陷入了極度的恐懼和悲傷之中，在不斷的摧殘和折磨中，他的情緒極其不穩定，精神遭受著痛苦的煎熬。

一同被關押的一位猶太老人對他說：「孩子，你只有活下去，才能與你的未婚妻團聚。記住，要活下去。」卡亞冷靜下來，他下定決心，無論日子多麼艱難，一定要保持積極的精神和情緒。

被關在集中營的猶太人，他們每天的食物只有一塊麵包和一碗湯。許多人在饑餓和嚴酷刑罰的雙重折磨下精神失常，有的甚至被折磨致死。卡亞努力控制和調適著自己的情緒，把恐懼、憤怒、悲觀、屈辱等拋之腦後，雖然他的身體骨瘦如柴，但精神狀態卻很好。

5年後，集中營裡的人數由原來的4000人減少到不足400人。納粹將剩餘的猶太人用腳鐐鐵鍊連成一長串，在隆冬季節，將他們趕往另一個集中營。許多人忍受不了長期的苦役和饑餓，最後死於茫茫雪原之上。在這人間煉獄中，卡亞奇蹟般地活下來了。他不斷地鼓舞自己，靠著堅忍的意志力，維持著孱弱的生命。

1945年，盟軍攻克了集中營，解救了這些飽經苦難、劫後餘生的猶太人。卡亞活著離開了集中營，而那位給他忠告的老人，卻沒有熬到這一天。

若干年後，卡亞把他在集中營的經歷寫成一本書。他在前言中寫道：「如果沒有那位老者的忠告，如果放任恐懼、悲傷、絕望的情緒在我的心間瀰漫，很難想像，我還能活著出來。」

其實，是卡亞自己救了自己，是他用積極樂觀的情緒救了自己。

與卡亞不同的是，總有許多人不停地抱怨命運的不公，埋怨自己付出了辛勞的汗水，得到的卻是失敗和痛苦。究其原因，是因為他們不懂得用樂觀的態度對待人生。

哀莫大於心死。很多時候，一個人的苦樂成敗，不在於外物的左右，而在於自己的心態和看待世界的角度。苦難能毀掉弱者，同樣也能造就強者。如果我們能在任何時候都不放棄對於生活的希望，我們就能最終等到轉機來臨的那一天。

第十五堂課

【孤獨是心靈的圍牆】——從一個人的世界裡走出來

孤獨會讓你越孤獨

你所抵抗的，會持續存在。

心理學家告訴我們：要想擺脫孤獨感的折磨，就必須開放自己。就像身處一個無人的山谷，只有自己主動向外走，才能離開這片荒涼之境。同樣，要獲得豐富深刻的人際感情，你也需要走出自己的小天地，去和別人交往。其實人生來就是一種社會性的動物，單靠自己個人的力量生活在這個世界上顯然是不夠的。尤其在現代社會，人與人之間需要展開廣泛深入的合作，才能共同完成一件事，所以學會交往和合作是非常重要的生存之道。而且，人只有在交往中，才能體會到各種情感體驗所帶來的愉悅。所以，交往是人生非常重要的課程，需要你努力用心地去學習和實踐。你的投入越多，獲得的回報也越大，幸福感也越強烈。

5年前，瑪麗失去了自己的丈夫，她悲痛欲絕，自那以後，她便陷入了一種孤獨與痛苦之中。

「我該做些什麼？」在她丈夫離開她近一個月之後的一天晚上，她對朋友哭訴，「我將住到何處？我將怎樣度過一個人孤獨的日子？」

朋友安慰她說，她的孤獨是因為自己身處不幸的遭遇之中，才50多歲便失去了生活中的伴侶，自然令人悲痛異常，但時間一久，這些傷痛和孤獨便會慢慢減緩消失，她也會開始新的生活——從痛苦之中建立起自己新的幸福。

「不！」她絕望地說道，「我不相信自己還會有什麼幸福的日子。我已不再年輕，孩子也都長大成人，成家立業。我孑然一身還有什麼樂趣可言呢？」抱著這種孤獨，瑪麗得了嚴重的自憐症，而且不知道該如何治療。好幾年過去了，她的心情一直都沒有好轉。

有一次，朋友忍不住對她說：「我想，你並不是要特別引起別人的同情或憐憫。無論如何，你可以重新開始自己的新生活，結交新的朋友，培養新的興趣，千萬不要沉溺在舊的回憶裡。」她沒有把朋友的話聽進去，因為她還在為自己的孤獨自怨自嘆。後來，她覺得孩子們應該為她的幸福負責，因此便搬去與一個結了婚的女兒同住。

但事情的結果並不如意，由於她的孤僻，她和女兒都面臨一種痛苦的經歷，甚至惡化到母女反目成仇。瑪麗後來又搬去與兒子同住，但也好不到哪裡去。後來，孩子們只好共同買了一間公寓讓她獨居，但這更加重了她的孤獨。

她對朋友哭訴道，所有家人都棄她而去，沒有人要她這個老媽媽了。瑪麗認為全世界都在孤立她。她實在是既可憐，又可悲。

在加州奧克蘭的密爾斯大學，校長懷特博士在一次晚餐聚會上，發表了一段極為引人注意的演講，內容提到的便是這種現代人的孤寂感：「20世紀最流行的疾病是孤獨。」他如此說道，「用美國社會學家大衛．里斯曼的話來說，我們都是『寂寞的一群』。由於人口愈來愈多，人性已匯集成一片汪洋大海，根本分不清誰是誰了……居住在這樣一個『不拘一格』的世界裡，再加上政府和各種企業經營的模式，人們必須經常由一個地方換到另一個地方工作——於是，人們的友誼無法持久，時代就像進入另一個冰河時期一樣，使人的內心覺得冰冷不已。」

孤獨是一種常見的心理狀態。被孤獨感籠罩的人，精神壓抑，心理失衡，甚至喪失生活的勇氣和信心。其實在我們人生的河流中，總有那麼一刻，你是孤獨無助的，但不要害怕，因為這本身就是人生給你的最高饋贈。所以，當孤獨來臨時，去體會它、享受它，細心品嘗孤獨的滋味，你會發現，孤獨可以讓你更好地透視生活。

走入群體的海洋

人類天生帶有許多先天固有的特性，其中有一種就是要尋求夥伴，與他人結合在一起的傾向。

自閉是一劑心靈的毒藥，是對自己融入群體的所有機會的封殺。自閉不僅毀掉自己的一生，也會讓周圍的朋友、親人一起憂傷，總之，自閉會葬送一生的幸福。所以，生活在現代生活的快節奏中，我們一定要走出自閉的牢籠，注意傾聽自己心靈的聲音，並大膽表現它的美好和幸福，尋找朋友，走入群體的海洋。

小鳳今年上國中了，是個內向的小女孩，別的孩子每天開開心心地上學，一到學校裡就和別的同學打成一片。小鳳卻像是一隻落單了的孤雁，經常一個人躲在角落裡，別的同學找她一起玩，她也只玩一會兒就悄悄走開了。

每天上課時，小鳳似乎也在聽講，但是明顯地心不在焉。班導師劉老師很快發現了小鳳的這些異常舉動，她決定去小鳳家裡做一次家訪。

這天放學後，劉老師來到了教室，找到小鳳，「小鳳，明天老師準備去你家見見你的爸爸媽媽，你晚上回去告訴爸爸媽媽。」小鳳只是點了點頭。

第二天放學後，小鳳收拾好書包就和劉老師出了校門。一路上，小鳳只顧低著頭走路，劉老師問了她一些家裡的基本情況。老師問她三句，她才回答一句。劉老師感到很納悶，不知道這個小丫頭是怎麼了。

來到家裡，見到了父母，小鳳只說了一句：「媽媽，我們老師來了。」然後就進了自己的小房間，再也不出來。

劉老師將小鳳在學校裡的一些表現告訴了爸爸媽媽，媽媽告訴老師：「這孩子在家裡也不怎麼說話，上小學的時候她可不是這樣的。但是小學升國中的那次考試，她因為感冒發燒，沒有考上私中，和她關係不錯的幾個同學都進了私中，從那之後，她就像是變了個人，整天悶悶不樂的。上國中後，我們見她不開心，也沒知心的朋友，就鼓勵她去找以前的同學玩，但是她說他們上了私中，不好意思去見他們。現在這孩子話越來越少了，平時見到親戚朋友也像不認識一樣，她現在這個樣子我們很心疼，但是也拿她沒辦法。」

經過交談，劉老師終於明白，小鳳是因為升學考試的失敗導致了她現在的自閉心理。自閉是一種心理狀態，通俗地解釋，就是自我封閉，自己把自己關起來。有自閉心理的人往往不願意與人交往，不能面對現實，而是用一種逃避的方式來對付人生，就像把頭埋在沙漠裡的鴕鳥一樣。

自閉心理的產生主要由以下三個因素所造成：

第一，自我和外界的溝通遇到障礙，而自己又不能克服或無力克服。

第二，自閉往往由於缺乏自信、有自卑心理。

第三，不能忍受的被羞辱的因素。

青春期是最容易產生和形成自閉心理的一個時期，因為人在青春期自己身體變化最大，對周圍的事情很敏感，容易情感波動，且又無法控制自我，自我意識非常脆弱和不成熟。這時候，如果情感上受到打擊，人格上感到羞辱，就極易對現實生活產生不信任感和恐懼感，走向隔絕和逃避的自閉之路。

自閉心理實際上是一種自我防衛機制。對一個自尊心很強的人來說，最受不了的是公開的羞辱，但是這種情況往往到處可見。再比如，有的人交友不當，多次被欺騙，或者由於自己有某種缺陷，經常受到嘲笑，也非常容易產生自閉心理。

第十六堂課

【帶著愛，一切如願以償】——沒有愛，就沒有精神的美

自私與無私間僅有一線之隔

利己和自愛絕不是一回事，實際上是互為矛盾的。利己的人不是太愛自己，而是太不愛自己。

自私和無私之間僅是一線之隔，越過它，你可以感受到捨己為人，不求任何回報的快樂。這是最大的喜悅，也是人生道路上不可或缺的一步。

從前，有兩位很虔誠、很要好的教徒，決定一起到遙遠的聖山朝聖。兩人背上行囊，風塵僕僕地上路，誓言不達聖山，絕不返家。

兩位教徒走啊走，走了兩個多星期之後，遇見一位白髮年長的聖者。聖者看到這兩位如此虔誠的教徒千里迢迢要前往聖山朝聖，就十分感動地告訴他們：「從這裡距離聖山還有十天的腳程，但是很遺憾，我在這十字路口就要和你們分手了。而在分手前，我要送給你們一個禮物！什麼禮物呢？就是你們當中一個人先許願，他的願望一定會馬上實現；而第二個人，就可以得到那願望的兩倍！」

此時，其中一教徒心裡想：「這太棒了，我已經知道我想要許什麼願，但我不要先講，因為如果我先許願，我就吃虧了，他就可以有雙倍的禮物！不行！」而另一教徒也自忖：「我怎麼可以先講，讓我的朋友獲得加倍的禮物呢？」

於是，兩位教徒就開始客氣起來，「你先講嘛！」「你比較年長，你先許願吧！」「不，應該你先許願！」兩位教徒彼此推來推去。

「客套地」推辭一番後，兩人就開始不耐煩起來，氣氛也變了。「你幹嘛！你先講啊！」「為什麼我先講？我才不要呢！」

兩人推到最後，其中一人生氣了，大聲說道：「喂，你真是個不識相、不知好歹的人，你再不許願的話，我就把你的狗腿打斷、把你掐死！」

另外一人一聽，沒有想到他的朋友居然變臉，竟然來恐嚇自己，於是想：你這麼無情無義，我也不必對你有情有義！我沒辦法得到的東西，你也休想得到！於是，這一教徒乾脆把心一橫，狠心地說道：「好，我先許願！我希望——我的一隻眼睛瞎掉！」

很快，這位教徒的一隻眼睛馬上瞎掉，而與他同行的朋友，兩個眼睛也立刻瞎掉了！原本，這是一件十分美好的禮物，可以使兩位好朋友共用，但是人的狹隘、自私，左右了自己心中的情緒，所以使得「祝福」變成「詛咒」，使「好友」變成「仇敵」，更是讓原來可以「雙贏」的事，變成兩人瞎三眼的「雙輸」！

從心理學的角度來說，自私是一種極端利己的心理。自私的人不顧他人和社會的利益，只計較個人得失，不講公德；更有甚者會為私欲鋌而走險，最後受到法律的制裁。自私也是誘發貪婪、嫉妒、報復等病態心理的根源。歷史一再證明，自私的人是沒有好結局的。從某種意義來說，自私就是自毀，自私者到最後只能獨自吞噬惡果。

自私是一種近似本能的欲望，處於一個人的心靈深處。人有許多需求，如生理的需求、物質的需求、精神的需求、社會的需求等。需求是人的行為的原始推動力，人的許多行為就是為了滿足需求。但是，需求要受到社會規範、道德倫理、法律法令的制約，不顧社會歷史條件的要求，一味想滿足自己的各種私欲的人就是具有自私心理的人。自私之心隱藏在個人的需求結構之中，是深層次的心理活動。

正因為自私心理潛藏較深，它的存在與表現便常常不為個人所意識到。有自私行為的人很多時候意識不到他在做一種自私的事，相反地，他在侵佔別人利益時往往心安理得。正因為如此，我們才將自私稱為病態社會心理。

自私心理導致了極端的個人主義，導致了社會醜惡現象的出現，它使得社會風氣敗壞，是各種不良心理的根源，所以，我們必須要克服這種病態心理。

快樂來自於內心的高貴和正直

你若愛己，就會愛所有的人如愛己。你若對他人的愛少於愛己，你就無法真正愛自己。

只有你付出愛心，你才能收穫快樂、收穫希望。只有在別人困難的時候，毫不猶豫地伸出救援的雙手，在你困難時，你才能得到更多的幫助。

一天，一個貧窮的小男孩為了存夠學費挨家挨戶地推銷商品。到了晚上，奔波了一整天的他此時感到十分饑餓，但摸遍全身，只剩一角錢了。實在是饑餓難忍，他只好決定向下一戶人家討口飯吃。當一位美麗的女孩打開房門的時候，這個小男孩卻有點不知所措了。他沒有要飯，只乞求給他一口水喝。這位女孩看到他很饑餓的樣子，就拿了一大杯牛奶給他。男孩慢慢地喝完牛奶，問道：「我應該付多少錢？」

女孩回答道：「一分錢也不用付。媽媽教導我們，施以愛心，不圖回報。」

男孩說：「那麼，就請接受我由衷的感謝吧！」說完男孩離開了這戶人家。此時，他不僅感到自己渾身是勁，而且還看到上帝正朝他點頭微笑。其實，男孩本來是打算退學的。

數年之後，那位美麗女孩得了一種罕見的重病，當地的醫生對此束手無策。最後，她被轉到大城市，由專家會診治療。當年的那個小男孩如今已是大名鼎鼎的霍華德·凱利醫生了，他也參與了醫治方案的制訂。當看到病歷時，一個奇怪的念頭閃過他的腦際。他馬上起身直奔病房。

來到病房，凱利醫生一眼就認出床上躺著的病人就是那位曾幫助過他的女孩。他回到自己的辦公室，決心竭盡所能來治好女孩的病。從那天起，他就特別地關照這個病人。經過艱苦努力，手術成功了。凱利醫生要求把醫藥費通知單送到他那裡，在通知單的旁邊，他簽了字。

當醫藥費通知單送到女孩手中時，她不敢看，因為她確信，治病的費用將會花去她的全部家當。最後，她還是鼓起勇氣，翻開了醫藥費通知單，旁邊的小字引起了她的注意，她不禁輕聲讀了出來：「醫藥費——一滿杯牛奶。霍華德·凱利醫生。」

如果當初小女孩拒絕獻出那份愛心，也許結果就是另一個樣子了。所以，做人千萬不要太自私，不要吝嗇你的愛，因為，施與愛心，回報的也一定是一份愛心。

有一位盲人，在夜晚走路時手裡總是提著一個明亮的燈籠。別人看了感到很好奇，就問他：「你自己根本看不見，為什麼還要打著燈籠走路呢？」

盲人回答說：「這個道理很簡單。我提上燈籠並不是給自己照路的，而是為別人提供光明，幫助別人看清道路。不過，我這樣幫助別人的結果，其實也等於是幫助了自己。正是因為我手裡提著燈籠，別人就容易看見我，不會撞到我身上，這樣就可以保護我自己的安全了。」只有幫助別人，給予別人方便，才會得到別人的幫助，也給自己帶來方便。因為人們都有「相互回報」的心理，你對別人的慷慨付出往往也會得到別人的無償回報。

俗語說：「贈花予人，手上留香。」學會付出，播撒愛心是美好人性的體現，同時也是一種處世智慧和快樂之道。

有一句名言說：「人活著應該讓別人因為你活著而得到益處。」學會分享、給予和付出，你會感受到捨己為人、不求任何回報的快樂和滿足。在生活中，超越狹隘、幫助他人、撒播美麗、善意地看待這個世界，這樣快樂、幸福和豐收會時時與我們相伴。對此，羅曼・羅蘭說得很精彩：「快樂和幸福不能靠外來的物質和虛榮，而是要靠自己內心的高貴和正直。」

分享越多，給予越多

愛是一種積極的，而不是消極的情緒，是人內心生長的東西，而不是被俘虜的情緒。一般來說可以用另一個說法來表達，即愛首先是給而不是得。

生活中，你分享越多，給予越多，你就擁有越多。自私的人往往會回收更多的自私，而與人分享的人卻能獲得更多的分享。你把你的熱心與人分享，你就會收穫到更多的熱心。把你的樂趣與人分享，你會品嘗到更大的樂趣。所謂天堂和地獄確實並沒有區別，真正有區別的是人的內心。如果每個人都懷著一顆感恩的心，彼此分享快樂與友善，建立起良好的互助關係，那麼，天堂也就近在眼前了。

從前，有兩個饑餓的人得到了一位長者的恩賜：一根漁竿和一簍鮮活碩大的魚。一個人要了一簍魚，另一個要了一根漁竿，於是，他們分道揚鑣了。

得到魚的人就在原地用乾柴搭起篝火煮起了魚，他狼吞虎嚥，還來不及品出鮮魚的肉香，連魚帶湯就被他吃了個精光，不久，他便餓死在空空的魚簍旁。

另一個人則提著漁竿繼續忍饑挨餓，一步步艱難地向海邊走去，可是當他已經看到不遠處那片蔚藍色的海洋時，他渾身一點氣力也沒有了，只能眼巴巴地帶著無盡的遺憾撒手人寰。

之後又有兩個饑餓的人，他們同樣得到了長者恩賜的一根漁竿和一簍魚。只是他們並沒有各奔東西，而是約定共同去找尋大海，他倆每次只煮一條魚，他們經過長途跋涉，來到了海邊。從此，兩個人開始了捕魚為生的日子，幾年後，他們蓋起了房子，有了各自的家庭、子女，有了自己建造的漁船，過上了幸福安康的生活。

一位生前經常行善的基督徒見到了上帝，他問上帝天堂和地獄有何區別。於是上帝就讓天使帶他到天堂和地獄去參觀。

到了天堂，在他們面前出現了一張很大的餐桌，桌上擺滿了豐盛的佳餚。圍著桌子吃飯的人都拿著一把十幾尺長的勺子。這些人都在相互餵對面的人吃飯。可以看得出，每個人都吃得很愉快。天堂就是這個樣子呀！他心中非常失望。

接著，天使又帶他來到地獄參觀。出現在他面前的是同樣的一桌佳餚，他心中納悶：天堂怎麼和地獄一樣呀！天使看出了他的疑惑，就對他說：「不用急，你再繼續看下去。」過了一會，用餐的時間到了，只見一群骨瘦如柴的人來到桌前入座。每個人手上都拿著一把十幾尺長的勺子。可是由於勺子實在是太長了，每個人都無法把勺子內的飯送到自己口中，這些人都餓得大喊大叫。

世界富豪比爾．蓋茲告訴我們說：懂得分享是一種聰明的生存之道。當我們摒棄自私的行為，為別人付出的時候，從某種程度上就是幫助了自己。

因為，在這個崇尚合作的世界上，沒有一個人能擔當全部，一個人價值的體現往往就維繫在與別人互助的基礎之上。許多時候，與人分享自己所擁有的，我們才能找到自己的位置和方向，才能使自己的價值最大化。

分享，將得到豐收

分享是一種積極的力量，這種力量可以衝破人與人之間的高牆，拉近心理距離。

生命的意義在於付出，在於給予，而不在於接受，更不在於索取。如果在這個世界上，人人都懂得與人分享，那麼我們生存的世界將變得更加美好溫馨。

從前，有一位精明的荷蘭花草商人，千里迢迢從遙遠的非洲引進了一種名貴的花卉，培育在自己的花圃裡，準備到時候賣上個好價錢。對這種名貴花卉，商人呵護備至，許多親朋好友向他索要，一向慷慨大方的他卻連一粒種子也不給。他計畫培植三年，等擁有上萬株後再開始出售和饋贈。

第一年的春天，他的花開了。花圃裡萬紫千紅，那種名貴的花開得尤其漂亮，就像一縷縷明媚的陽光。第二年的春天，他的這種名貴的花已經有五、六千株，但他發現，今年的花沒有去年開得好，花朵變小不說，還有一點點的雜色。到了第三年的春天，名貴的花已經培植出了上萬株，令這位商人沮喪的是，花朵已經變得更小，花色也差得多了，完全沒有了它在非洲時的雍容和高貴。當然，他也沒能靠這些花賺上一大筆錢。

難道這些花退化了嗎？可是非洲人年年種養這種花，大面積、年復一年地種植，並沒有見過這種花會退化呀！商人百思不得其解，他去請教一位植物學家。植物學家拄著拐杖來到他的花圃看了看，問他：「你這花圃隔壁是什麼？」

他說：「隔壁是別人的花圃。」

植物學家又問他：「他們種植的也是這種花嗎？」

他搖搖頭說：「這種花在全荷蘭，甚至整個歐洲也只有我一個人有，他們的花圃裡都是些鬱金香、玫瑰、金盞菊之類的普通花卉。」

植物學家沉吟了半天說：「我知道你這名貴之花退化的秘密了。」植物學家接著說：「儘管你的花圃裡種滿了這種名貴之花，但和你的花圃毗鄰的花圃卻種植著其他花卉，你的名貴之花被風傳授了花粉後，又染上了毗鄰花圃裡的其他品種的花粉，所以你的名貴之花一年不如一年，越來越差了。」

商人問植物學家該怎麼辦，植物學家說：「誰能阻擋住風傳授花粉呢？要想使你的名貴之花不失本色，只有一種辦法，那就是讓你鄰居的花圃裡也都種上你的這種花。」於是商人把自己的花種分給了自己的鄰居。次年春天花開的時候，商人和鄰居的花圃幾乎成了這種名貴之花的海洋——花朵碩大，花色典雅，朵朵流光溢彩，雍容華貴。這些花一上市，便被搶購一空，商人和他的鄰居都發了大財。

由於商人的自私，他失去了發大財的機會。其實，自私作為一種普遍的心理問題，是可以克服的，最有效的方法就是心理調節。具體來說有如下方法：

1 內省法

這是構造心理學派主張的方法，是指透過內省，用自我觀察的陳述方法來研究自身的心理現象。自私常常是一種下意識的心理傾向，要克服自私心理，就要經常對自己的心態與行為進行自我觀察。觀察時要有一定的客觀標準，這些標準有社會公德與社會規範和榜樣等。加強學習，更新觀念，強化社會價值取向，對照榜樣與規範找差距，並從自己自私行為的不良後果中看危害、找問題，總結改正錯誤的方式方法。

2 多做利他行為

一個想要改正自私心態的人，不妨多做些利他行為。例如關心和幫助他人，給慈善機構捐款，為他人排憂解難等。私心很重的人，可以從讓座、借東西給他人這些小事情做起。多做好事，可在行為中糾正過去那些不正常的心態，從他人的讚許中得到利他的樂趣，使自己的靈魂得到淨化。

3 迴避訓練

這是心理學上以操作性反射原理為基礎，以負強化為手段而進行的一種訓練方法。通俗地說，凡下決心改正自私心態的人，只要意識到自私的念頭或行為，就可用縛在手腕上的一根橡皮筋不停彈擊自己，從痛覺中意識到自私是不好的，促使自己糾正。

第十七堂課

【越過心中的那道掛礙】——害怕樹葉的人無法走入森林

別讓恐懼成為一種習慣

受恐懼的驅使，人們首先關心的是怎樣才能避免跌倒、走錯路、犯錯誤、做錯事。他們徒勞地想迫使現實符合他們對於人生直線式的願望，但這就像是試圖將一塊正方形的木頭放進一個圓形的洞裡一樣。當發現這種努力徒勞無功之後，他們就會因害怕而避開挑戰。

生活在現代社會，我們必須摒棄害怕受傷、畏懼挫折的心理，擺正心態，以一顆健康有力的心嘗試生活，明天才會有更好的開始。

一家鐵路公司有一位調車人員尼克，他工作相當認真，做事也很盡職盡力，不過他有一個缺點，就是他對人生很悲觀，常以否定的眼光去看世界。

有一天，鐵路公司的職員都趕著去給老闆過生日，大家都提早急急忙忙地走了。不巧的是，尼克不小心竟被關在一輛冰櫃車裡。

尼克在冰櫃裡拚命地敲打著、叫喊著，全公司的人都走了，根本沒有人聽得到。尼克的手掌敲得紅腫，喉嚨叫得沙啞，也沒人理睬，最後只得絕望地坐在地上喘息。

他愈想愈害怕，心想，冰櫃裡的溫度在攝氏零下20度以下，如果再不出去，一定會被凍死。他只好用發抖的手，找來紙筆，寫下遺書。

第二天早上，公司裡的職員陸續來上班。他們打開冰櫃，發現尼克倒在裡面。他們將尼克送去急救，但他已沒有生還的可能。大家都很驚訝，因為冰櫃裡的冷凍開關並沒有啟動，巨大的冰櫃裡也有足夠的氧氣，而尼克竟然被「凍」死了！

其實尼克並非死於冰櫃的溫度，而是死於自己心中的冰點。因為一向不能輕易停凍的這輛冰櫃車，這一天恰巧因要維修而未啟動製冷系統。他連試一試的念頭都沒有產生。

可見，在許多時候，打敗我們的不是外界的困難，而是我們心中的恐懼。

恐懼是一種帶有強迫性質的，不以人自身的意志和願望為轉移的情緒。恐懼能摧殘一個人的意志和生命。它能影響人的身體，傷害人的修養，減少人的生理與精神的活力，進而破壞人的身體健康。它能打破人的希望，消磨人的志氣，使人止步不前。

恐懼能摧殘人的創造精神，抹殺個性而使人的精神機能趨於衰弱。一個人一旦心懷恐懼、不祥的預感，做什麼事都不可能有效率。

恐懼是人生命情感中難解的癥結之一。面對自然界和人類社會，生命的進程從來都不是一帆風順、平安無事的，總會遭到各種各樣意想不到的挫折、失敗和痛苦。當一個人預料將會有某種不良後果產生或受到威脅時，就會產生這種不愉快情緒，並為此緊張不安、憂慮、煩惱、擔心、恐懼，程度從輕微的憂慮一直到驚慌失措。現實生活中每個人都可能經歷某種困難或危險的處境，從而體驗不同程度的焦慮。恐懼作為一種生命情感的痛苦體驗，是一種心理折磨。

其實，沒有人能夠從不怯懦和畏懼，最勇敢的人也不免有懦弱膽小、畏縮不前的心理狀態。但如果恐懼成為一種習慣，它使人過於謹慎、小心翼翼、多慮、猶豫不決。在心中還沒有確定目標之時，已含有恐懼的意味，在稍有挫折時便退縮不前，不能充分發揮自己的才能，容易產生悲觀失望的情緒，導致自我評價和自信心的下降，因而影響人生目標的完成。

別讓恐懼在心中無限擴大

人越能夠對生活中的有關事件施加影響，就越能夠將自己按照自己喜愛的那樣進行塑造。相反，不能對事件施加影響會對生活造成不利的影響，它將滋生憂懼、冷漠和絕望。

小光剛到深圳打工時，在一家酒吧做服務生。

打從第一天上班，老闆便特別提醒小光：「我們這一帶有一個流氓，經常來白吃白喝，心情不好的時候，還會把人打得遍體鱗傷，因此，如果你聽到別人說『大流氓來了』，你什麼也別想，想盡辦法趕快跑就對了。因為這個大流氓實在太蠻橫了，連員警都不放在眼裡，上一個酒保被他打傷，到現在還躺在醫院裡。」

某一天深夜，酒吧外面忽然一陣大亂，眾人紛紛喊著：「大流氓來了！大流氓來了！快走！」當時，小光正在上廁所，等到他緊張地走出來時，酒吧裡的客人、員工早就跑得乾乾淨淨，連個影子也見不到。

這時，只聽見「砰」的一聲，前門被人踢開了，一個兇神惡煞般的男人大步走進門。他的臉上有一道刀疤，手臂上的刺青一直延伸到後背。

他二話不說，氣勢洶洶地在吧台前坐了下來，對小光吼道：「給我來一杯威士忌。」

小光心想，既然已經來不及逃跑了，不如就試著賠笑臉，儘量討流氓的歡心，以保全性命吧！於是，他用顫抖的雙手，戰戰兢兢地遞給那個男人一杯威士忌。

男人看了小光一眼，一口氣把整杯酒喝乾，然後重重地把酒杯放下。

看到這一幕，小光的心臟簡直快要跳出來了，若不是酒吧裡還放著音樂，他的心跳聲一定會大得被人聽見。小光勉強鼓起勇氣，小聲地問道：「您……您要不要再來一杯？」

「我沒那時間！」男人對著他吼道，「你難道不知道大流氓就要來了嗎？」

不久之後，那個男人就走了，小光這才重重地舒了一口氣。小光這才發現，「大流氓」其實並不可怕，只是人們無形之中把恐懼擴大了。

其實在很多時候，事情都沒有我們想像中那麼可怕，人們之所以會覺得恐懼，完全是自己嚇自己。

相信大家都有過這樣的經驗，到了陰森森、黑漆漆的地方，我們會感到毛骨悚然，心跳加速，好像什麼事就要發生，於是步步驚魂，隨時提高警惕，嚴陣以待，但是到了最後，往往什麼事也沒發生，從頭到尾，都是我們自己在嚇自己。所有緊張、恐懼的心理其實全都來自於自己的想像。

對於一些人來說，社交是一場盛大的舞會，自己則是萬眾矚目的明星；而對另一些人來說，社交是被迫去跳的舞蹈，戴著沉重鐐銬，還有很多人，直接當了社交逃兵。

其實這個社會中不光只有你一個人面臨社交的焦慮和恐懼，很多人都曾在某個時刻被突如其來的社交恐懼所打垮。

一份來自美國的研究資料稱，約有40%的美國人在社交場合感到緊張，那些神采奕奕的政界人士和明星，也有手心出汗、詞不達意的時候，還有一些人表面上侃侃而談、鎮定自若，實際上手心早已一把汗。

事實上，我們每一個人都需要面對自己的焦慮、緊張，如果你接納並承認這種緊張，你很快就能拋開它。

而那些讓緊張嚴重到影響工作和生活的人，被心理專家定性為患有社交焦慮症或社交恐懼症的人，他們的糟糕表現，往往是因為不能承認自己的焦慮和緊張所致。

對某些事物或情景合情合理的恐懼，可使人們更加小心謹慎，有意識地避開有害、有危險的事物或情景，以利更好地保護自己，避免遭受挫折、失敗和意外事故。不正常的恐懼則是最消極的一種情緒，並且總是和緊張、焦慮、苦惱相伴，而使人的精神經常處於高度的緊張狀態。因此它必然損害健康，引起各種心因性疾病，長期的極端恐懼甚至可使人身心衰竭，失去寶貴的生命。不正常的恐懼心理，還會嚴重影響一個人的學習、工作、事業和前途。

所以，為了自己的健康和進步，有恐懼心理的人必須下定決心，鼓足勇氣，努力戰勝自己不健康的恐懼心理。

不可知就一定可怕嗎

知道是一種力量，而不知道則意味著一種脆弱。

人生中很多事情只能循序漸進，絕不可能提前完成。過早地為將來擔憂，非但於事無補，而且會讓自己眼下活得束手縛腳，甚至導致一生一連串的失敗。

比如小柯。大學基測結束後，他如願以償接到了大學入取通知書，心裡高興極了。可是，隨著入學日期的臨近，小柯卻對未來的生活產生了莫名其妙的恐懼感。在日記裡，小柯寫下了如下的文字：

還有20天就要步入大學的校園了，也就是說，要進入一個全新的環境去學習，遇到新的同學、交新的朋友，也要開始住宿……所有的一切都讓我有一種莫名的恐懼，說不出來到底對什麼感到害怕，只是從心底湧出一種感覺——發慌。沒了先前對於新學校的好奇與嚮往，一直都在想進入大學後是否可以和同學處好關係，是否可以認真學習，是否可以離夢想更近一步，是否……結果卻是越想越害怕。

雖然不知道大學生活具體是什麼樣的，但是可以感覺到應該是一個小型社會，什麼樣的人都有，什麼樣的事情都會發生。突然發現自己已經是半個社會中人了，這個發現使我不敢再去暢想未來，因為怕真的變成暢想，變成空想……

現在才發現，原來大人的生活是這麼痛苦，要思考太多事情，要處理太多麻煩。現在才發現，還是童年時最快樂，整天無憂無慮的，不用擔心這麼多問題。可是，我現在已經長大了，馬上就是大學生了，不知道將來自己會是什麼樣……

在我們的身邊，我們總能聽到一些關於對未來迷茫、感到恐懼的聲音。究其原因，主要是因為未來的不確定性和不可知導致了很多人對未來的恐懼，尤其是對於剛畢業的年輕人來說，未來更是一個充滿誘惑卻又迷茫的字眼。有調查顯示，現在很多年輕人的心理負擔有一部分就是來自於對未來的恐懼。

對於我們每一個人來說，未來是不可知的，但是，這個「不可知」的未來卻是可以透過我們自身的努力而掌控的。

在生活中，我們常常犯這樣的錯誤，企圖把人生的煩惱都提前解決掉，以便將來過得更好、更自在。但是，實際上，人生中很多事情只能循序漸進，絕不可能提前完成。過早地為將來擔憂，非但於事無補，而且會讓自己眼下活得束手縛腳，甚至導致一連串的失敗。

事實上，對於未來，有些事情是你不可控的，比如未來的經濟發展趨勢等，但是有些卻是你能控制的，比如你想成為一個什麼樣的人，這是由你決定的。所以，從現在開始，不要再對未來感到恐懼，不要預支明天的煩惱，不要想著早一步解決掉將來的痛苦。要知道，未來是掌握在你自己的手裡的，著眼於現在才能讓生活過得輕鬆，更有意義。

名知山有虎，偏向虎山行的勇氣

勇氣並不是不恐懼，而是心懷恐懼，依然向前。

生活中，我們經常會犯這樣的錯誤：還沒有真正與問題接觸，就將其無端放大，以致很快心生恐懼，一味逃避，最終自己將自己打敗。事實上，很多問題和困難並不像我們想像的那麼嚴重，只要我們敢於直接面對它，很多問題就會不攻自破。

19世紀50年代，美國的一個種植園主正在磨坊裡幹活，突然他看見一個黑人小女孩站在門口，於是他放下手裡的活，問道：「你有什麼事情嗎？」黑人小女孩沒有移動腳步，怯怯地回答說：「我媽媽說想要50美分。」

園主用一種可怕的聲音和斥責的臉色回答說：「我絕不給你！你快滾回家去吧，不然我用鎖鎖住你。」說完繼續做自己的工作。

過了一會兒，他抬頭看到黑人小女孩仍然站在那兒不走，便掀起一塊桶板向她揮舞道：「如果你再不滾開的話，我就用這桶板教訓你。好吧，趁現在我還……」話未說完，那黑人小女孩突然箭一樣衝到他前面，毫無恐懼地揚起臉來，用盡全身氣力向他大喊：「我媽媽需要50美分！」

慢慢的，園主將桶板放了下來，手伸向口袋裡，摸出50美分給了那黑人小女孩。她一把抓過錢去，像小鹿一樣推門跑了，留下園主目瞪口呆地站在那兒回顧這奇怪的經歷——一個黑人小女孩竟然毫無恐懼地面對自己，並且鎮住了自己。在這之前，整個種植園裡的黑人們沒人這樣做過。

勇氣就是這樣一種東西，它可以讓弱者戰勝強者，讓看似不可能的事情成為可能。當你因害怕而畏縮不前時，別忘了，黑人小女孩曾經從白人那裡要了50美分，她戰勝自己的恐懼僅用了一樣武器——勇氣。

曾經有心理學家說過，勇敢的思想和堅定的信心是治療恐懼的良藥，它能夠中和恐懼思想，如同化學家在酸溶液裡加一點鹼，就可以降低酸的腐蝕性一樣。當人們心神不安時，當憂慮正消耗著他們的活力和精力時，他們是不可能獲得最佳效率的，他們是不可能事半功倍地將事情辦好的。

所有的恐懼在某種程度上都與自己的軟弱感和力不從心有關，因為此時他的思想意識和他體內的巨大力量是分離的。一旦他開始變得心力交融，一旦他重新找到了讓他自己感到滿意和大徹大悟的那種平和感，那麼，他將真正體會到做人的榮耀。感受到這種力量和享受到這種無窮力量的福祉之後，他絕對不會滿足於心靈的不安和四處遊蕩，絕對不會滿足於委靡不振的模樣。

有些人整日遊蕩在充滿各種恐懼的世界裡，他們呈現出佈滿焦慮和擔憂的臉孔，似乎人生就是永恆的失意一樣。這真是一件令人惋惜的事情！

恐懼雖然阻礙著人們力量的發揮和生活品質的提高，但它並非是不可戰勝的。只要人們能夠積極地行動起來，在行動中有意識地糾正自己的恐懼心理，那它就不會再成為我們的威脅了。

第十八堂課

【寵辱不驚，灑脫人生自在活】——放下，更是放鬆

不要一味地追逐，停一下，等等靈魂

為什麼我們對改進身邊的一切如此著迷：我們的草坪，我們的壁紙，我們的機會，甚至我們自己？不管是才能、外表，還是財富，我們總覺得還不夠好，總覺得還需要更多一些天分、多一些本領、多一些能量或多一些安寧，然而恰恰是那些經常性的不滿意讓我們不快樂。

在現代社會，生活節奏越來越快，各種壓力紛至沓來：考試升學的壓力，就業的壓力，職場中的壓力，來自戀人的壓力，來自父母的壓力，來自子女的壓力，來自房子、車子與更高級的畢業證書的壓力，來自健康的壓力……面對眾多的壓力，很多人常常疲於拚命，結果弄壞了身體，心靈也不能寧靜。

陳先生是一家企業的行銷主管，每年的銷售任務都很重，同行業競爭又特別激烈。他說自己都快成了「空中飛人」了，一個城市接一個城市地出差，沒有節假日，有時候午飯都沒時間坐下來吃，常常是邊走邊吃邊思考。最近他經常感到胸悶不舒服，剛開始沒有太在意，後來，情況開始嚴重起來，出現氣短、心跳加快、出虛汗等現象，他到醫院檢查才知道患了冠心病。

在這個快節奏的社會裡，為了生存，每個人都在物質利益的泥潭中打轉，就像陳先生這樣，為了業績，為了榮譽，為了物質利益，拚命地工作，身體健康已經被他拋到了腦後。

有一個探險家，到南美的叢林中，找尋古印加帝國文明的遺跡。他雇用了當地人作為嚮導及挑夫，一行人浩浩蕩蕩地朝著叢林的深處去。

那群土著的腳力過人，儘管他們背負笨重行李，仍是健步如飛，在整個隊伍的行進過程中，總是探險家先喊著需要休息，讓所有土著停下來等候他。

探險家雖然體力跟不上，但希望能夠早一點到達目的地，一償平生的夙願，好好地研究一下古印加帝國文明的奧秘。

到了第四天，探險家一早醒來，便立即催促著打點行李，準備上路。不料領導土著的翻譯人員卻拒絕行動，令探險家為之惱怒不已，經過詳細的溝通，探險家終於瞭解，這群土著自古以來便流傳著一項神秘的習俗，在趕路時，皆會竭盡所能地拚命向前衝，但每走上三天，便需要休息一天。

探險家對於這項習俗好奇不已，詢問翻譯的嚮導，為什麼在他們的部族中，會留下這麼耐人尋味的休息方式。嚮導很莊嚴地回答探險家的問題，他說：「那是為了能夠讓我們的靈魂追得上我們趕了三天路的疲憊身體。」

探險家聽了嚮導的解釋，心中若有所悟，沉思了許久，終於展顏微笑，心中深深地認為，這是他這一趟探險當中最大的一項收穫。

繁忙的工作，快節奏的生活，讓我們的身體跟著它高速運轉。適當的時候，還是應當關心一下我們的心靈，詢問它是否能適應這一切。

阿拉伯人說：「人的靈魂走得比較慢，請你等等你的靈魂。」我們來到世間時，靈魂以純粹的模樣盛開著，滿心滿園的芳香是它最初的模樣，而世俗、壓力、金錢、欲望如虎，日漸強大地侵佔著靈魂的家園。若我們無視靈魂的休養，勢利的猛虎便會狂妄地肆虐，踐踏所有角落，讓生就的純淨無處躲藏。如果賺的錢、得的物，已經能夠保證生活的需要，需要放棄的，只是奢侈的享受，那麼，你便足夠在富人面前不自卑，在窮人面前不得意，並以一顆最平常的心，真實地存在於眾生之間。這樣，不好嗎？

慢下來吧，與靈魂一起行走，細心聆聽她真實的聲音，你時時嘆著永不復來的快樂，便會重新被你擁有。慢下來吧……

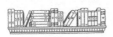

揮一揮衣袖，不帶走一片榮譽的雲彩

金錢、健康、名望不能決定幸福，它們只有在使我們對自我感到更滿意時才發揮作用，否則充其量只是無關痛癢，甚至還有可能構成快樂人生的障礙。

《蝸牛的獎盃》這篇文章講的是蝸牛原先會飛行，並在一次飛行比賽中榮獲冠軍，得到一個獎盃，便成天背在身上，日子久了，獎盃成了外殼，翅膀也退化了，牠只能慢慢爬行。做人也是一樣，不能永遠背著榮譽的外殼，要學會淡忘曾經的榮譽，這樣才能走得更遠，爬得更高。

誠然，榮譽是對我們的一種肯定，但你若總關注於它本身，那只會感覺到它的沉重。有時把榮譽變為包袱與壓力，還不如把這些身外之物看淡些。

想當年，信陵君殺死晉鄙，拯救邯鄲，擊破秦兵，為保住趙國立下了汗馬功勞。他回國的時候，趙孝成王準備親自到郊外迎接他。他的好友唐雎聽說了這件事，對信陵君說：「我聽人說：『事情有不可以讓人知道的，有不可以不知道的；有不可以忘記的，有不可以不忘記的。』」

信陵君聽了，問道：「你說的是什麼意思呢？」

唐雎回答說：「別人厭恨我，不可不知道；我厭恨人家，又不可以讓人知道。別人對我有恩德，不可以忘記；我對人家有恩德，不可以不忘記。如今您殺了晉鄙，救了邯鄲，破了秦兵，保住了趙國，這對趙王是很大的恩德啊，現在趙王親自到郊外迎接您，我們倉促拜見趙王，我希望您能忘記救趙的事情。」信陵君說：「我謹遵你的教誨。」

唐雎叫信陵君謙虛謹慎，淡忘功勞，這是高明的處世哲學。其實不僅僅是做人，在市場經濟的大潮中，同樣需要淡泊曾經的功勞。

有資料稱，每當年終歲末，日本的企業都要召開「忘年會」。會議上沒有上司們的長篇總結報告和工作安排，也沒有典型發言和表彰先進，只有簡短的新年致辭：忘記昨天，新的一年繼續努力吧！「忘年會」的內涵提示人們，成績也好，榮譽也罷，代表的都是過去，在前進道路上必須甩掉這些包袱，減輕「行囊」創新業。

與日本的「忘年會」相比，我們有些企業正好相反，總是不忘過去的成績和榮譽。要嘛躺在榮譽上睡大覺，滿足於已有的成績，不思進取；要嘛沾沾自喜地背著「過去」前進，信賴「老辦法」、「老套套」，對新鮮事物視而不見或拒不接受，以致銷售對象總是那麼幾個老客戶，管理核算還是那些老方法，資金運作依賴貸款開場的老路子，等等。

市場瞬息萬變，要發展就必須要創新。要創新，就得將裝有「成績」、「榮譽」之類的「行囊」減輕直至甩掉，不斷地從新的「零」開始，在「白紙」上畫新的圖畫。沒有了「包袱」，解放了思想，放開了手腳，在技術創新、體制創新、管理創新、理論創新、經營理念創新的基礎上，大家一定能有所作為，再創輝煌。

同樣，在人生旅途中，我們可能會遇到坎坷和不幸，如競爭的失敗、家道的中落、不測的病痛和突發的災難……

如果一切都是不可避免的，那我們不妨揮一揮衣袖，學著淡忘，淡忘所有應該淡忘的一切。淡忘功名利祿，那將使你不再高高在上，不再有高處不勝寒的悲涼；淡忘曾經的痛楚，那將有助於你找到真正屬於自己的幸福；淡忘曾經的仇恨，那將幫助你開闢另一條通往成功的大道；淡忘曾經的成功，那將有助於你登上新的高峰。

寵辱不驚，灑脫人生自在活

對一件事情充滿渴求，就會受制於它。

也許，你沒有輝煌的業績可以炫耀，沒有大把的鈔票可以揮霍，但你擁有淡泊，這便是難得的幸福了。諸葛亮說：「非淡泊無以明志，非寧靜無以致遠。」淡泊是一種真我，是英雄本色。追求淡泊者，生活的道路上永遠開滿鮮花，永遠芳香四溢；追求名利者，生活的道路上遍佈陷阱，只能在生命終結的一剎那體會到稍縱即逝的快樂。

三伏天，禪院的草地枯黃了一大片。「快撒點草種子吧！好難看啊！」小和尚說。

師父揮揮手，說：「隨時！」

中秋，師父買了一包草種子，叫小和尚去播種。

秋風起，草籽邊撒邊飄。「不好了！好多種子被吹飛跑了。」小和尚喊。

「沒關係，吹走的多半是空的，撒下去也發不了芽。」師父說，「隨性！」

撒完種子後，飛來幾隻小鳥啄食。「要命了！種子都被鳥吃了！」小和尚急得直跳腳。

「沒關係！種子多，吃不完！」師父說，「隨遇！」

半夜一陣驟雨，小和尚一大早衝進禪房：「師父！這下真完了！好多草籽被雨沖走了！」

「沖到哪兒，就在哪兒發芽！」師父說，「隨緣！」

一個星期過去了。原本光禿禿的地面上，居然長出許多青翠的草苗。一些原來沒播種的角落，也泛出了綠意。

小和尚高興得直拍手。

師父點頭，說：「隨喜！」

隨不是跟隨，是順其自然，不怨恨、不躁進、不過度、不強求。

隨不是隨便，是把握機緣，不悲觀、不刻板、不慌亂、不忘形。

不要幻想生活總是圓圓滿滿，也不要幻想總是享受所有的春天。人的一生中注定要經歷坎坷，品嘗苦澀與無奈，經受挫折與失意。

在漫漫旅途中，失意並不可怕，受挫也無須憂傷。艱難險阻是人生對你的另一種饋贈，坑坑窪窪也是上天對你意志的磨礪和考驗。落英在晚春凋零，來年又燦爛一片；黃葉在秋風中飄落，春天又煥發出勃勃生機。這何嘗不是一種達觀，一種灑脫？

這種灑脫人生，不是玩世不恭，更不是自暴自棄。灑脫是一種思想上的輕裝，是一種目光的朝前。有灑脫，人才不會終日鬱鬱寡歡，有灑脫，人才不會覺得活得太累。

懂得了這一點，我們才不至於對生活求全責備，才不會在受挫之後徬徨失意。懂得了這一點，我們才能挺起脊樑，找到充滿希望的起點。

因此，不必為途中的磕磕絆絆耿耿於懷，而應放下過重的包袱，凡事「謀事在人，成事在天」，順其自然地享受征途中的一切，「不以物喜，不以己悲」，平平實實地處世。

一個人要想以清醒的心志和從容的步履走過歲月，他的精神中必定不能缺少淡泊。雖然我們渴望成功，但我們真正需要的是一種平平淡淡的生活，一份實實在在的成功。這種成功，不必苛求轟轟烈烈，不必要有那種揭天地之奧秘、救萬民於水火的豪情，而只是一份平平淡淡的追求。

保持人生的本色

當我們停止否定自己是誰，停止抵抗自身的感受，我們就卸下了一個沉重的包袱，停止了一場無休無止卻永遠打不贏的對抗人性的戰爭。

人生旅途，一路走來滿是風景。流連忘返處，可能就忽略掉了最初的方向，丟了初心。其實，那些最原始的思想，就好像是空氣裡沁人心脾的香氣，永遠讓人難以忘懷；更像是寫在幸福日記裡的小詩，總是耐人回味。

麗莎從小就特別敏感而靦腆，她的身體一直太胖，而她的一張大餅臉更使她看起來比實際還胖得多。麗莎有一個很古板的母親，她認為穿漂亮衣服是一件很愚蠢的事情。她總是對麗莎說：「寬衣好穿，窄衣易破。」並且總照這句話來幫麗莎穿衣服。所以，麗莎從來不和其他的孩子一起做室外活動，甚至不上體育課。她非常害羞，覺得自己和其他的人都「不一樣」，完全不討人喜歡。

長大之後，麗莎嫁給一個比她大好幾歲的男人，可是她並沒有改變。她丈夫一家人都很好，每個人都充滿了自信。麗莎盡最大的努力要像他們一樣，可是她做不到。他們為了使麗莎開朗而做的每一件事情，都只是令她更退縮到她的殼裡去。

麗莎變得緊張不安，躲開了所有的朋友，情形壞到她甚至怕聽到門鈴響。麗莎知道自己是一個失敗者，又怕她的丈夫會發現這一點，所以每次他們出現在公共場合的時候，都會刻意去模仿某個人看似優雅的服飾、動作或表情，她假裝很開心，結果常常做得太過分。事後，麗莎會為這個難過好幾天。最後不開心到使她覺得再活下去也沒有什麼意義了，麗莎開始想自殺。

一天，她的婆婆與她談怎麼教養她的幾個孩子，婆婆說：「不管事情怎麼樣，我總會要求他們保持本色。」

「保持本色！」就是這句話。在那一剎那之間，麗莎才發現自己之所以那麼苦惱，就是因為她一直在試著讓自己適應於一個並不適合自己的模式。

麗莎後來回憶道：「在一夜之間我整個改變了。我開始保持本色，不再去模仿任何人。我試著研究我自己的個性，自己的優點，盡我所能去學色彩和服飾知識，儘量以適合我的方式去穿衣服。主動地去交朋友，我參加了一個社團組織——起先是一個很小的社團，他們讓我參加活動，我嚇壞了。可是我每一次發言，就增加了一點勇氣。今天我所有的快樂，是我從來沒有想到可能得到的。在教養我自己的孩子時，我也總是把我從痛苦的經驗中所學到的結果教給他們：『不管事情怎麼樣，總要保持本色。』」

在忙忙碌碌中，我們就這麼不經意地丟了自己。以為什麼事情都無法改變了，以為自己就這樣被歲月磨失了稜角。其實，那是對自己的放任，是對自己故步自封的安慰。如果你保持一顆初心，無論是什麼時候，無論生活發生了怎樣的變化，你都能找到最初的自己。

那些人生多變的話，那些歲月不饒人的話，無非是自己不想去面對生活的藉口。就把自己想像成一只的杯子，裝滿了歲月的塵土，我們就把它倒出來，重新接受新的思想，接受新生活的沐浴。

第十九堂課

【幸福沒有排行榜】——只要你願意幸福，總有理由幸福

透視狐狸的酸葡萄心理：快樂是自找的

面對同一個世界，有人能看到地獄，也有人能看到天堂。

《伊索寓言》中有這樣一個家喻戶曉的故事：一隻饑餓的狐狸路過葡萄園時，發現架子上掛著一串串葡萄，垂涎三尺，可是自己怎麼也摘不到。就在很失望的時候，狐狸突然笑道：「那些葡萄沒有長熟，還是酸溜溜的。」於是高高興興地走了。事實上，葡萄還是沒吃到，狐狸仍然餓著肚子，但一句自我安慰的話讓牠擺脫了沮喪，變得快樂起來。

社會心理學家解釋，酸葡萄甜檸檬定律是指當自己的行為不符合社會價值標準或未達到所追求的目標時，人們便有一種自我安慰的心理機制，即認為得不到的都是不好的，得到的則是好的。

前面寓言中的狐狸藉由自我安慰，即使沒吃到想要的葡萄也很開心，這就屬於典型的酸葡萄心理。這種心理，屬於人類心理防衛功能的一種。心理學家研究發現，當人們自己的需求無法得到滿足，便會產生挫折感，為了解除內心的不悅與不安，人們就會編造一些理由自我安慰，使自己從不滿等消極心理狀態中解脫出來。

實際生活中，酸葡萄式的自我安慰比比皆是。例如，沒有找到對象的單身族，常常會說「一個人最好，多自在啊」；沒考上名校的人，常常會說「讀名校有什麼好，競爭那麼激烈，早晚會累到瘋掉」；有些人考試僅僅及格，而同桌得了優秀，於是就想「一看就是抄襲，投機取巧，沒什麼了不起的」……

與酸葡萄心理相對應的，還有一種叫甜檸檬心理。它指人們對得到的東西，儘管不喜歡或不滿意，也堅持認為是好的。就好像一個人拿著沒熟的檸檬，明知檸檬熟透了才甜，但是手上只有沒熟的，就說自己的檸檬味道一定很好，會特別甜，何況有檸檬總比沒有的好，這同樣是內心的一種自我安慰。

現實中，人們的甜檸檬心理也比較普遍。例如，你買了一雙鞋子，回來後覺得價錢太貴，顏色也不如意，但你和別人說起時，你可能會強調這是今年最流行的款式，質地是高級皮料，即使價格貴點也值得。還有，雖然你知道自己的男朋友有不少缺點，但在外人面前，你往往喜歡誇獎他的優點。

關於酸葡萄甜檸檬定律，心理學上有一個有趣的實驗對此進行了間接的證明。

心理學家招募一定數量的學生從事兩項枯燥乏味的工作。一件是轉動計分板上的48個木釘，每根釘子順時針轉四分之一圈，再逆時針轉回，反反覆覆進行半個小時。另一件是將一大把湯匙裝進一個盤子，再一把把地拿出來，然後再放進去，來來回回半個小時。

學生們完成工作後，分別得到了1美元或20美元的獎勵，同時，心理學家要求他們告訴下一個來做實驗的人這個工作十分有趣。

結果發現，與一般的預期相反，得到1美元獎勵的人反而認為工作比較有趣。

這在一定程度上證明了，人們對已經發生的不滿意或不好的事情，傾向於透過自我安慰，把事情造成的不愉快等消極影響減輕。

透過這個定律，我們可以發現，對於同一件事，如果從不同的角度去看，結論就會不同，心情也會不一樣。例如，當你失戀時，與其沉溺在過去的痛苦煩惱中，不如想一想，下一次遇到的人會比錯過的這個好很多；當你遇到挫折時，可以想想從失敗中汲取教訓也是一種收穫；當遇到丟東西等倒楣事時，不妨想想現實中幾乎所有事情都存在積極性和消極性，如果你只看到消極的一面，就會令自己陷入低落、鬱悶之中；相反，如果換個角度，從積極的一面去看，也許就會豁然開朗。

滿懷熱情，擁抱快樂

一個人可以不管外界發生什麼事情，只靠改變意識的內涵，使自己快樂或憂傷。

漫漫人生路，不可能一切都一帆風順，不盡如人意的事情總是難以避免。當客觀事實無法改變時，不妨敞開自己的心扉，讓快樂走進來。《快樂的城堡》一書作者就是很好的例證。

這位女作家的丈夫是一位軍官，曾奉命到沙漠裡參加演習。她也隨丈夫來到了沙漠裡的陸軍基地。白天丈夫參加演習，她就獨自在營地的小鐵皮屋裡休息。當時天氣熱得受不了，而且沒有任何人可以聊天，她每天唯一能做的事情就是盼望丈夫早點回來。她感到非常煩悶便寫信給父母，說她想要拋開一切回家去。不久，父親給她回了信，內容很短，只有一句話：「兩個人從牢中的鐵窗望出去，一個看到泥土，一個卻看到了星星。」讀完父親回信，她決定在沙漠中找到「星星」。

從那時起，她開始努力地和當地人交朋友，漸漸地對當地人的生活產生了興趣。當地人也把自己最喜歡但又捨不得賣給觀光客人的物品都送給她。後來，她開始研究那些引人入迷的仙人掌和各種沙漠植物，學習有關沙漠動物的知識，有時還和當地人一起看沙漠的日落。結果，這個原本令她難以忍受的沙漠環境，如今令她非常興奮、倍感快樂。

她的熱情改變了她對沙漠生活的看法。從那以後，她把原來認為惡劣的環境變為自己一生中有幸經歷的最有意義的冒險。以此為基礎，她開始了自己的創作，直至《快樂的城堡》與世人見面。

其實，沙漠沒有改變，當地人也沒有改變，而是女作家的心態由消極轉向了積極，開始對生活產生了熱情。因此，她在沙漠裡看到的不再是滿天黃沙，而是美麗的「星星」。

曾經有心理學家指出，客觀上講，生活並不會因我們的個人意志而發生太大的變化，但是對快樂的感覺，卻是由自己的心態決定的。如果你始終能懷著熱情去生活，那麼，即使身處茫茫無邊的沙漠，你也會與漫天黃沙交朋友；倘若你對生活缺乏熱情，那麼，即使是看到了沙漠中的綠洲，也很難能夠讓你快樂起來。

正如德國著名哲學家亞瑟．叔本華所說：「一個悲觀的人，把所有的快樂都看成不快樂，好比美酒到充滿膽汁的口中會變苦一樣。」所以，人生是幸福還是困厄，生活是快樂還是愁苦，完全取決於你對事物的態度、對生活的看法。與其抱怨、憂愁和苦悶，不如充滿熱情，珍惜當下，積極地迎接快樂，讓它走進你的生活。

不幸與幸福常常不是絕對的

幸運和不幸並非是生命的兩個極端，它們有時會重合在一個點上。

戰國時期，一位老人養了許多馬。

一天，他的馬群中有一匹馬走失了。鄰居們聽說後，便跑來安慰老人。但老人卻笑道：「丟了一匹馬損失不大，說不定會帶來什麼福氣呢。」大家覺得老人的話很好笑，馬丟了，明明是件壞事，他卻說也許是好事。

幾天後，老人丟失的馬不僅自動返回家，還帶回一匹匈奴的駿馬。鄰居聽說了，對老人的預見非常佩服，前來向老人道賀：「還是您有遠見，馬不僅沒有丟，還帶回一匹好馬，真是福氣呀。」出人意料的是，老人聽了反而憂慮地說：「白白得了一匹好馬，不一定是什麼福氣，也許會惹出什麼麻煩來。」大家覺得老人是故作姿態，白得一匹馬，心裡明明很高興，卻偏要說反話。

有一天，老人的兒子從那匹匈奴駿馬的馬背上跌下來，摔斷了腿。鄰居聽說後，又紛紛來慰問。老人說：「沒什麼，腿摔斷了卻保住了性命，或許是福氣呢。」這次，大家都覺得他又在胡言亂語，摔斷腿會帶來什麼福氣？

不久，匈奴大舉入侵，青年人都被應徵入伍，老人的兒子因為摔斷了腿，不能去當兵。入伍的青年都戰死了，唯有老人的兒子保全了性命。

這個故事就是我們熟知的「塞翁失馬，安知非福」。它告訴我們，好事與壞事都不是絕對的，在一定條件下，壞事可以引出好的結果，好事也可能引出壞的結果。

很多時候，幸福也是一樣，總是隱藏在不幸的外表下面，而不幸也可能是幸福的頑皮轉身。其實，從心理學角度看，所有不幸事件只有在我們認為它不幸的情況下，才會真正成為不幸事件。而如果我們把它當成是一次考驗，是幸福的一次偽裝，那麼當我們脫去不幸的面紗，總能看到真正的幸福。

瑞典發明家奧萊夫出生在伐姆蘭省的一個小鄉村，父母都是最貧苦的佃農。

奧萊夫出生的時候，家裡一貧如洗，最值錢的財產就是一支鳥槍和三隻鵝。當時，一位身著華麗衣服的親戚抱著自己的兒子，譏笑奧萊夫的父母說：「你們那兒子生下來就注定是一個看鵝的窮鬼！」

奧萊夫的父母聽後，氣憤地說：「只需要20年時間，我們的奧萊夫肯定會成為富翁，到時候他會雇你的兒子帕爾丁當馬夫。」

位。

從奧萊夫6歲起，父親就讓他讀路德的《訓言集》，教育他對自己的人生目標進行定

奧萊夫沒有讓父母失望，上中學後他就懂得把時間分配得細緻精密，使每年、每月、每天和每小時都有其具體任務。在一篇作文裡，奧萊夫自信地寫下：「奧萊夫將來一定是國家的棟樑！誰盜竊奧萊夫一分鐘的時間，誰就是盜竊瑞典！」

20歲的時候，奧萊夫果然創造了一項重大發明，並且很快成了瑞典數一數二的發明家和富翁。

奧萊夫的成功經歷告訴我們：不幸的境遇並不可怕，只要我們有勇氣正視它，並且努力改變它，那麼它終究有一天會成為你成功的基石，帶你走向幸福。

除了眼淚，還有陽光和藍天

當我們覺得難過、沮喪甚至厭倦時，有一條很方便的出路，就是儘量利用自己的意識，發現生活中美好的一面，吸收快樂。

不管生活中有哪些不幸和挫折，你都應以歡悅的態度微笑著面對。人生的光陰只有短短幾十年，但我們常常浪費很多時間，為一些一年內就能被遺忘的事情發愁，這是多麼可怕的損失！

除了不能改變過去，你可以改變的事情很多，包括你的現在和未來。所以，換一個角度，換一種思維，換一份心情，好好去生活。

從前，有一個小沙彌受不了寺院的清苦，變得厭世、輕生，患上了我們現在所說的憂鬱症。

有一天，他獨自一人走上了寺院後面的懸崖，就在他緊閉雙眼，準備縱身跳下時，一隻大手按住了他的肩膀。他轉身一看，原來是老方丈。小沙彌的眼淚馬上就流出來了，他告訴方丈，他已經萬念俱灰，「看破紅塵，四大皆空」，什麼牽掛都沒有了，只想一死了之。

老方丈慈愛地說：「生命沒有錯誤，要珍惜自己的生命，其實你擁有的東西還很多很多，你先看看你手背上有什麼。」

小沙彌抬手看了看，訥訥地說：「沒什麼呀！」

「那不滿是眼淚嗎？」老方丈語氣沉重地說。

小沙彌眨巴眨巴眼睛，又是串串熱淚。

老方丈滿眼關切，又說：「再看看你的手心。」

小沙彌又攤開雙手，看自己的手心，看了一陣，不無疑惑地說：「沒什麼呀！」

老方丈呵呵一笑說：「那不滿是陽光嗎？」

小沙彌愣怔了一下，臉上也泛起絲絲的笑容。

老方丈又循循善誘地說：「你再抬頭看看。」

這回小沙彌開竅了，沒等方丈開導，就心悅誠服地說：「還有藍天，我還有藍天！」

老方丈舒心地嘆了口氣，對小沙彌說：「其實，你除了眼淚、陽光和藍天，還有一顆勇敢頑強的心、健康的身體……」

生活並不像我們所想像的那樣，總是充滿了陽光和坦途。當你對生活失望的時候，不妨抬頭看看藍天，感受一下生命的可貴與生活的溫暖，或許你就能夠找到重新走下去的勇氣。

不論處於何種境地，都不要對生活絕望，要用一種積極的心態來面對生活中的一切挫折和磨難。

的確，無論什麼時候，我們都要有一個積極的心態，因為心態具有無比神奇的力量，它既可以使一個人在渾噩中奮起做事，也可以使一個人在安逸清閒中腐化墮落。你的未來將走哪一條路，決定於你的心態，決定於你是在快樂或是頹廢的心態支配下的人生選擇。每個人都被不同的心態所驅使。

第二十堂課

【一個人的寂寞不如兩個人的狂歡】——愛自己，但要有度

適度的自戀會在無形中增加靈感

過度自戀會導致自私，對社會冷漠，對別人漠不關心，因為在他們身上和心中，「自我」的能量過於澎湃，遠遠超乎對外面世界的興趣。

在古希臘神話中，有一個名叫納西瑟斯（Narcissus）的美少年。他風度翩翩，英俊可愛，許多姑娘都愛慕著他，甚至連奧林匹斯山上的女神都愛上了他。但是，那些姑娘和女神都沒能打動他的心。

有一天，納西瑟斯來到了一個幽美寂靜的地方，這裡有一個池塘，水平如鏡，水清如露，納西瑟斯非常喜歡這裡。他在池邊俯身飲水的時候，看到水中有一個美男子。他被自己的倒影完全吸引了，剎那間生起了強烈的愛慕之情。他愛上了自己的影子。他整天匍匐在地上，看著水池裡的另一個自己。

納西瑟斯日夜廝守在池塘邊，吃不下飯，睡不著覺，一直伏在池塘邊，用佈滿血絲的眼睛，死死盯著池塘中自己美麗的影子。他愛上了自己的影子，但是卻沒法接觸到他。他悲痛欲絕，奮力跳進了池塘中，與自己的影子合為一體，化成了一株水仙花。從那之後，俊美少年納西瑟斯的名字就成了水仙花的代稱。

心理學中的「自戀」（narcissus）概念也來源於此，它是用來說明人格發展中的一種重要現象。人在剛出生以後的嬰兒時期，物我不分，他不能區別什麼是外界事物，什麼是自身的一部分，不能區分母親的照顧與自己的努力，以為自己最微小的動作都能獲得欲望的滿足，將自己看作是全能的，因此就以自身為愛的對象，形成自戀。之後，隨著兒童身心的不斷發展，愛的對象也從自身轉移到外界事物，如父母、同伴、老師等，而達到人格成熟的階段。但是，如果在人格發展的過程中遇到困難和挫折而不能很好地解決，就有可能停滯或倒退到早期的自戀階段，在這種情況下，人雖已成年，但其情感的發展卻仍然處於早期未成熟的階段。這種有自戀傾向的人往往以自我為中心，自視甚高，總有懷才不遇之感，與人接觸也常拒人於千里之外，因此，難以與別人建立良好健全的人際關係。

心理學家認為，一定程度的自戀是一種自信的表現，尤其是藝術家和文學家們更需要這種自戀式的發揮和創作，自戀會在無形中增加靈感。但像納西瑟斯那樣過度自戀不僅會破壞人際關係，更重要的是影響自己的身心健康。

自戀的人總是對自己信心十足，經常在別人面前誇耀自己，並認為自己是整個宇宙的中心，認為自己才華出眾，認為自己什麼事都能辦成。當挫折來臨的時候，往往表現出強烈的憤慨和空虛，給人一種玩世不恭的假象。事實上，自戀是一種對讚美成癮的症狀。為了獲得讚美，自戀者會不惜一切代價。比如有人冒生命危險而求得「天下誰人不識君」的知名度，這就走向了自戀的反面——自毀、自虐。

自戀是一種非理性的力量，自戀者本人無法控制它，無法獲得內心的寧靜，只知道朝前奔走，而沒有一個可感可知的現實目標。

在與他人的交往中，自戀者會因為他的自私表現而喪失他最看重的東西——來自別人的讚美，這對他來說是毀滅性的打擊，並且可以使其進入追求讚美——失敗——更強烈地追求——更大的失敗的惡性循環之中。自戀者易患憂鬱症，原因就在這裡。

相貌不是能力的代言者

心靈不美，臉長得再漂亮也是一種醜陋。

一個人的能力如何，並不是憑靠他的長相，相貌不是能力的代言。因而，很多長相出眾的年輕人並不會因為自己的相貌而沾沾自喜，相反的，他們會更努力地去提升自己的綜合素質。

很久以前，河馬是動物界最美麗的動物之一。牠的眼睫毛纖長細緻，皮毛柔軟光滑，尾巴上的毛很有光澤。河馬最喜歡做的事情就是把自己的尾巴梳理得光溜溜的，整天坐在池塘邊，舉著自己漂亮的尾巴，注視著水中自己的倒影。一邊看，一邊讚美自己：「我真是太漂亮了！」「多麼光滑的皮毛！多麼漂亮的耳朵！多麼美麗的尾巴！我是這片叢林中最美麗的動物！」

有一天，森林裡發生了一場可怕的大火。熾熱的火焰四處燃燒，所有的動物都往河邊逃命，而此時河馬卻仍在池塘邊顧影自憐。牠得意地注視著自己在水中的影子，卻沒有發現危險正在一步步地向牠逼近。

「大家怎麼看不到我美麗的面龐呢？真是一群醜陋又愚蠢的怪物。」牠向著水面喃喃自語。

就在這個時候，大火蔓延到了牠的身邊，火星濺到了牠還在空中驕傲搖擺著的尾巴上。「救命啊！」牠大聲喊叫，在地上跳來跳去，希望能撲滅尾巴上的火焰。但是火焰越來越大，漸漸地擴展到了牠的背上。「救命啊！」牠尖叫著，「救救我！救救我！我光滑柔軟的皮毛著火了！」

可是，森林中的其他動物都已經四散逃命去了，根本就沒人理牠。眼看著自己就要被火焰給吞噬了，河馬跳進了池塘，盡可能地屏住呼吸沉到了池塘底。當牠再次浮出水面的時候，大火已經把森林燒了個精光。河馬疲憊地離開了池塘，坐在地上不停地喘息著。「這真是太可怕了！」河馬低頭看了一眼池塘，這時牠驚訝地發現水中有一個光禿禿、滿身皺褶的怪物。原來，大火燒光了牠美麗的皮毛，美麗細長的眼睫毛也被燒焦了，眼珠凸顯在外面，長長的耳朵也萎縮成了兩個醜陋的小卷，最糟糕的是，牠最自豪的那條尾巴也不見了。

可憐的河馬覺得沒臉見人，立刻跳進了水裡，怕其他動物看到，一直躲著不敢出來。直到今天，牠仍然留在水裡，只露出眼睛和鼻子在水面上，只在晚上沒人的時候才敢出來。美麗的河馬因為太過注重自己的容貌而沒有在意周圍的情況，最終被大火燒成了一個醜八怪。

在我們的身邊，也有很多年輕人喜歡把自己打扮得漂漂亮亮，以為相貌才是一個人的全部，殊不知，提高自己的內在修養和品行才是最重要的。

愛美之心，人皆有之。人人都喜歡美好的東西，但是在追求美麗的同時一定不能丟掉學業和健康。要知道，再美的容貌也會隨著歲月的流逝而走向衰老，唯有內心的善良和純真才是一個人最寶貴的財富。一個過於在乎外表的人，是不會獲得他人的尊重和愛護的，自戀的人在與人相處的時候更應該注意這一點。

不做「常有理」和「辯論家」

在與人爭辯時，很多人強迫性地需要讓自己是對的，而對方是錯的，其實是在為自我認同的心理立場在辯護。

自戀傾向嚴重的人過分地自我欣賞，又很在乎別人是否關注自己，並且期望得到別人的認同或讚美，但因為沒有與他人平等相處的心態，所以活得很累。

偉軍是一名22歲的青年，大學剛畢業，像很多年輕人一樣，帶著夢想來到了都市，也找到了一份不錯的工作。可是，剛工作不久，他的同事就發現他酷愛與人辯論，無論你說什麼，他一定會提出相反的觀點。在工作中，他很難與同事合作，即使是老闆批評他，他也會據理力爭，毫不謙讓。老闆覺得很可惜，這麼有才華的青年，卻無法與人相處，只得辭退了他。

此後，同樣的故事不斷地重演，每次他工作不到三個月，就會被辭退。偉軍覺得非常委屈，認為自己這匹千里馬，怎麼就沒有遇到伯樂呢？於是他走進了心理診療室。

醫生瞭解到，偉軍出生於一個富裕家庭，父母皆是高級公務員，上面有三個姊姊，他是家中最小也是唯一的男孩。偉軍從小就覺得自己是上天賦予了某種特殊使命的人，絕非平庸之輩。從他記事起，周圍就充滿了讚揚之聲，說他聰明好學，能言善辯，家人稱他是「常有理」，老師和同學稱他是「辯論家」。大學畢業後，他根本不屑在當地工作，認為只有到大都市，才能成為一個大人物、成功者。

很顯然，偉軍有嚴重的自戀傾向，而且已經嚴重地影響到了他的生活。

在日常生活中，我們隨處可見自戀的情形。很多人在櫥窗、車窗、電梯裡，甚至在辦公大樓的玻璃門前，認真端詳自己，其實就是一種最直接的自戀行為。

其實，每個人都會有或多或少的自戀傾向——小到對一枚指甲的專心修飾，大到愛自己而不能與另外的人相愛。

事實上，適度的自戀沒有什麼危害。自戀也帶來了一定的自信或者自卑，在這裡，自信和自卑就像一張紙的正反兩面，可以相互轉化。

但是，自戀有時會以不可理喻，甚至讓人難受的方式表現出來。比如自戀者往往會誇大自己的成就和才智，沉湎於幻想中。他們極力表現出驕傲和傲慢，不然就無法面對自己內心的空虛和無助。他們不合理地要求讚揚、特殊的優待，要求別人順從他，卻從不設身處地為別人著想。別人比他優秀時，他妒忌；別人不贊同他時，他就認為別人在妒忌自己，認為自己只能被同樣特殊的人所理解。這樣的人，怎能和他人合作和相處呢？

要想解決這個問題，除非他能發自內心地認識到這一點，設身處地為別人著想，尊重他人，否則就需要求助於專業的心理醫生來解決問題了。

第二十一堂課

【改變不了環境，就請改變自己】——真正的快樂來自內心的體驗

快樂是一種內心的體驗

快樂和不快樂的人的區別不是在於一個快樂一個不快樂，他們有著同樣的情緒，真正的區別在於他們處理同樣的不快樂的情緒時，一個很快就能調整，一個則完全不能自拔。

幸福本沒有絕對的定義，許多平常的小事往往就能撼動你的心靈。能否體會幸福，只在於你的心怎麼看待。想要擁有幸福的生活，就要懷有一顆樂觀的心。

有一個叫黃美廉的女子，從小就患上了腦性麻痹。這種病的症狀十分驚人，因為肢體失去平衡感，手足會時常亂動，口裡也會經常念叨著模糊不清的詞語，模樣十分怪異。醫生根據她的情況，判定她活不過6歲。

在常人看來，她已失去了語言表達與正常生活的能力，更別談什麼前途與幸福。但她卻堅強地活了下來，而且靠著頑強的意志和毅力，考上了美國著名的加州大學，並獲得了藝術博士學位。她依靠手中的畫筆，還有很好的聽力，抒發著自己的情感。

在一次演講會上，一位學生貿然地這樣提問：「黃博士，你從小就長成這個樣子，請問你怎麼看你自己？你有過怨恨嗎？」在場的人都暗暗責怪這個學生的不敬，但黃美廉沒有半點不高興，她十分坦然地在黑板上寫下了這麼幾行字：

一、我好可愛；

二、我的腿很長很美；

三、爸爸媽媽那麼愛我；

四、我會畫畫，我會寫稿；

五、我有一隻可愛的貓；

……

教室裡立刻一片寂靜，鴉雀無聲，再沒有人講話。她堅定地看著大家，最後在黑板上寫下了她的結論——我只看我所有的，不看我所沒有的。

掌聲馬上響起。黃美廉傾斜著身子站在講臺上，滿足地微笑著，她的臉上呈現出一種永遠不被命運擊敗的自信。

每一個讀了這個故事的人都會深深地被黃美廉那種不向命運屈服、熱愛生命的精神所感動。是啊，要想使自己的人生變得有價值，就必須要經受住磨難的考驗；要想使自己活得快樂，就必須接受和肯定自己。真正的快樂往往來自內心的體驗。金錢、名車、豪宅等外在的條件並不能成為你真正快樂的來源，真正的快樂是發自內心的。

其實，在這個世界上，每個人都有著不同的缺陷或不如意的事情，並非只有你是不幸的，關鍵在於如何看待和對待不幸。無須抱怨命運的不公，不要只看自己沒有的，而要多看看自己所擁有的，你就會感到：其實你很富有。樂觀的人總向前看，他們相信自己能主宰一切，包括快樂和痛苦。

的確，你不但可以創造財富，而且還是這些財富的指導者。生活是你自己的一切，選擇快樂還是痛苦都在你自己。

你要善於發現事情光明的一面。要想贏得人生，就不能總把目光停留在那些消極的東西上，那只會使你沮喪、自卑，徒增煩惱，還會影響你的身心健康，結果，你的人生就可能被失敗的陰影遮蔽它本該有的光輝。明末文人陸紹珩說，一個人生活在世上，要敢於「放開眼」，而不向人間「浪皺眉」。「放開眼」和「浪皺眉」就是對人生的兩種選擇。你選擇正面，就能樂觀自信地舒展眉頭，面對一切；選擇背面，你就只能是眉頭緊鎖，鬱鬱寡歡，最終成為人生的失敗者。悲觀失望的人在挫折面前，會陷入不能自拔的困境；樂觀向上的人即使在絕境之中，也能看到一線生機，並為此而努力。

快樂要由自己創造

決定你幸福或不幸福的，不在於你有什麼，或你是誰，或你在什麼地方，或你正在做什麼，而是你怎麼想。

任何時候，你都可以改變對事物的認知和自己的心情，只要你願意選擇積極樂觀的想法，你就可以成為快樂的主人。

巴辛是一名銀行職員，他的心情總是很好，從來沒人見過他有煩惱的時候。當有人問他近況如何時，他總會回答：「我快樂無比。」

如果哪位同事心情不好，他就會告訴對方怎麼去看事物好的一面。他說：「每天早上，我一醒來就對自己說，巴辛，你今天有兩種選擇，你可以選擇心情愉快，也可以選擇心情不好，我選擇心情愉快。每次有壞事情發生，我可以選擇成為一個受害者，也可以選擇從中學些東西，我選擇後者。人生就是選擇，你要學會選擇如何去面對各種處境。歸根結底，你自己選擇如何面對人生。」

有一天，銀行遭遇了三名持槍歹徒的搶劫，歹徒朝他開了槍。

幸運的是發現較早，巴辛被送進了急診室。經過18個小時的搶救和幾個星期的精心治療，巴辛出院了，只是仍有小部分彈片留在他體內。

6個月後，他的一位朋友見到他，問他近況如何，他說：「我快樂無比。想不想看看我的傷疤？」朋友看了傷疤，然後問當時他想了些什麼。

巴辛答道：「當我躺在地上時，我對自己說有兩個選擇：一是死，一是活。我選擇了活。醫護人員都很好，他們告訴我，我會好的。但在他們把我推進急診室後，我從他們的眼神中讀到了『他是個死人』。我知道我需要採取一些行動。」

「你採取了什麼行動？」朋友問。

巴辛說：「有個護士大聲問我對什麼東西過敏。我馬上答『有的』。這時，所有的醫生、護士都停下來等我說下去。我深深吸了一口氣，然後大聲吼道：『子彈！』在一片大笑聲中，我又說道：『請把我當活人來醫，而不是死人。』」

這個故事告訴我們：在任何時候，你都可以改變你對事物的認知和自己的心情，只要你願意選擇積極樂觀的想法，你就可以成為快樂的主人。快樂是一種最有價值的珍寶，人們都想得到它，但是總有一些人難以達成自己的這個心願。

國學大師張中行先生曾經說過：「快不快樂，完全是由自己的想法決定的。」其實，生活中不可避免地會發生一些讓人傷心或者煩惱的事，但是作為生活主角的我們，應該學會適應自己的處境，不鑽牛角尖，樂觀地去生活。從心理學的角度來看，這是一種「心理自我調整」。一個善於調整自己心理的人，一定是一個健康的人，一個和諧的人。

所以，如果你現在仍然覺得自己是一個不快樂的人，那就有必要深入地體會一下張中行先生的名言了。也許你覺得做數學題是痛苦的，但是你不能否認，在解出難題的那一瞬間，你的內心充滿了成就感，這就是快樂的一種表現。也許你覺得洗碗是讓人厭煩的，但是如果你在廚房裡放一點音樂，你也就會體會到身心舒暢的感覺……

給予比接受更快樂

「給」比「得」帶來更多的愉快，這不是因為「給」是一種犧牲，而是因為透過「給」實現了自我生命力。

給予比接受更能給人帶來快樂。一個人嘗試著把自己的愛心帶給別人，他就能夠在施予的過程中和他帶給別人的快樂中發現自己的快樂。喜歡幫助別人的人，會從被幫助者的快樂中找到自己的快樂。

有一位守墓人一連好幾年在每星期都收到一個不相識的婦人的來信，信裡附著鈔票，要他每週給她兒子的墓地放一束鮮花。後來有一天，他們見面了。

那天，一輛小車停在公墓大門口，司機匆匆來到守墓人的小屋，說：「夫人在門口的車上，她病得走不動了，請你去一下。」

一位上了年紀的婦人坐在車上，有幾分高貴的氣質，但眼神哀傷，毫無光彩。她懷抱著一大束鮮花。

「我就是亞當夫人。」她說，「這幾年，我每個禮拜給你寄錢……」

「買花。」守墓人答道。

「對，給我兒子。」

「我一次也沒忘了放花，夫人。」

「今天我親自來，」亞當夫人溫存地說，「因為醫生說我活不了幾個禮拜了。死了倒好，活著也沒意思。我只是想再看一眼我兒子，親手來放一些花。」

守墓人眨巴著眼睛，苦笑了一下，決定再講幾句：「我說，夫人，這幾年你常寄錢來買花，我總覺得可惜。」

「可惜？」

「鮮花擱在那兒，幾天就乾了，沒人聞、沒人看，太可惜了！」

「你真是這麼想的？」

「是的，夫人，你別見怪。我是想起來自己常去醫院、孤兒院，那兒的人可喜歡花了。他們愛看花，愛聞花香。那兒都是活人，可是這墓地裡哪個活著？」

老夫人沒有作聲。她只是小坐一會兒，默默地禱告了一陣，沒留話便走了。守墓人後悔自己的一番話太率直、欠考慮，這會使她受不了的。

可是幾個月後，這位老婦人又忽然來訪，把守墓人驚得目瞪口呆，她這回是自己開車來的。

「我把花都給那裡的人們了。」她友好地向守墓人微笑著說，「你說得對，他們看到花可高興了，這真叫我快活！我的病也好轉了，醫生不明白是怎麼回事，可是我自己明白，我覺得活著還有些用處。我找到了活著的真正意義，並重新喚起了對生命的熱愛！」

鮮花是世間美的使者，美麗的鮮花盛開在需要關愛的地方，更會令整個世界都充盈著善意的關懷和愛的感動。其實，使這個世界美麗的是一顆顆善良的心靈。

守墓人治好了老婦人的病，而這種病是連醫生都束手無策的，這是多麼神奇的現象啊。所以，給予往往比接受更能讓人感覺到快樂。一個人嘗試著把自己的愛心帶給別人，他就能夠在施予的過程中和他帶給別人的快樂中發現自己的快樂。喜歡幫助別人的人，會從被幫助者的快樂中找到自己的快樂。

快樂和幸福都是相互的，你對別人付出愛心，別人自然會同樣用愛心來回報你。愛心可以產生愛心，善行可以激發善行。

有一個孩子，他不知道回聲是怎麼回事。有一次，他獨自站在曠野中，大聲叫道：「喂！喂！」

附近小山立即反射出他的回聲：「喂！喂！」

他又叫：「你是誰？」回聲答道：「你是誰？」

他又尖聲大叫：「你是笨蛋！」立刻又從山上傳來「你是笨蛋」的回答聲。孩子十分憤怒，向小山罵起來，然而，小山仍舊毫不客氣地回敬他。

孩子氣沖沖地回家對母親訴說，母親對他說：「孩子呀，那是你做得不對。如果你恭恭敬敬地對它說話，它就會和和氣氣地對待你。」

孩子說：「那我明天再去那裡說些好話。」

「應該這樣，」他的母親說，「在生活裡，不論男女老幼，你對人好，人便對你好；如果你自己粗魯，就絕不會得到人家的友善相待。」

這位聰明的母親恰到好處地教會了孩子怎樣待人。你對別人充滿愛心，用你的行動給別人帶來快樂，別人自然也會用愛心來回報你，讓你感覺到快樂。更重要的是，你能在給別人關愛的過程中體會到一種真正的快樂。

第二十二堂課

【愛是心靈的召喚】——愛在眼睛之外，心靈之中

點滴的溫暖勝過山盟海誓

愛活在細節裡。永恆的愛不在為期一周的豪華遊輪度假中，也不在9克拉的鑽石裡，永恆的愛在每天日出日後之間，那些最普通的愛的表達中。

這個世界變動性太大，充斥著太多不安的因素，所以我們嚮往安全，需要諾言的溫暖。可是令我們十分無奈的是：相愛的時候山盟海誓，等到不愛的時候卻連多說一句話都是錯的，曾經的誓言全都隨風而逝。所以現在的人大都不太相信諾言，少數相信的，理由也有一些天真。

有這樣一個故事：

有一天，女孩對男孩說：「我們分手吧。」男孩默默地抽著菸，良久才說：「怎麼做你才肯留下來？」女孩慢慢地說：「如果你能回答我心裡想要的答案，我就留下來：我想要懸崖上的一朵花，而你去摘就會百分之百的死亡，你會不會摘給我？」男孩想了想說：「明早告訴你，好嗎？」女孩的心頓時黯淡了下來。

早晨醒來，男孩已不在。只有一張寫滿字的紙壓在溫熱的牛奶杯下。「寶貝，我不會去摘。」第一行字，就讓女孩的心涼透了。「因為，你出門總忘帶鑰匙，我要留著雙腳跑回來給你開門；你愛玩電腦遊戲，但卻總把程式弄得一塌糊塗，我要留著手為你整理；你視力已不太好，我要好好活著，等你老了，牽著你在海邊享受美好的陽光和柔軟的沙灘，還要告訴你每一朵花的顏色……所以，在我不確定有人比我更愛你之前，我不能去摘那朵花。」

女孩的淚滴在紙上形成晶瑩的花朵。抹掉眼淚，女孩繼續往下看：「親愛的，如果你已經看完了，答案還讓你滿意的話，請你開門吧，我就站在門外，買了你最愛的黑森林蛋糕。」

女孩拉開門，看見男孩緊張得像個孩子。女孩撲向男孩懷裡，泣不成聲……

儘管不肯承認，不肯相信，我們很多人的心裡都是渴望諾言的，無論是出於浪漫還是處於心裡的不安。不知道是不是受了小說還是電視劇的影響，我們有時候總會幼稚得可笑，難怪《20幾歲，決定女人的一生》的作者韓國暢銷作家南仁淑要廣大的女孩子少看電視呢。我們可以做很多不切實際的夢，幻想著像電視劇裡的男女主角那麼浪漫。但是，夢始終不是現實，山盟海誓多是說說而已，說的時候也許是真的，但說過之後就變成了空氣。現實生活中的點滴關愛才是最實在，最溫暖人心的。

最值得珍惜的是能把握住的愛

隨著時間的流逝，人們對以往戀人的回憶具有揚善隱惡的現象，即越是為自己以往某個戀人分手感到惋惜，對方在你記憶中的好感越是增多，結果越是比較，越是後悔，也越對眼前的對象感到不滿意。

愛是一種感覺，不愛也是一種感覺，而往往難以抉擇的是心中的感覺到底是愛還是不愛。原來握在手裡的，不一定就是我們真正擁有的；我們所擁有的，也不一定就是我們真正銘刻在心的。人生很多時候需要自覺地放棄，因為擁有的時候，我們也許正在失去，而放棄的時候，我們也許又在重新獲得。

從前，有一座圓音寺，寺廟前的橫樑上有隻蜘蛛結了張網，經過了三千多年的修煉，蜘蛛佛性增加了不少。有一天，大風將一滴甘露吹到了蜘蛛網上。蜘蛛望著甘露，頓生喜愛之意，牠覺得這是牠最開心的幾天。突然，又颳起了一陣大風，將甘露吹走了。蜘蛛很難過。這時佛祖來了，問牠：「蜘蛛，世間什麼才是最珍貴的？」蜘蛛想到了甘露，對佛祖說：「世間最珍貴的是『得不到』和『已失去』。」佛祖說：「好，既然你有這樣的認識，我讓你到人間走一遭吧。」

蜘蛛投胎做了一個官宦家庭的小姐，名叫蛛兒。一晃，蛛兒到了16歲了，出落成了一名楚楚動人的少女。這一日，皇帝在後花園為新科狀元郎甘鹿舉行慶功宴席。宴席上來了許多妙齡少女，包括蛛兒，還有皇帝的小女兒長風公主。狀元郎的才藝展示令眾多少女為之傾倒，但蛛兒知道，這是佛祖賜予她的姻緣。

幾天後，皇帝下詔，命甘鹿和長風公主完婚，蛛兒和太子芝草完婚。這一消息對蛛兒如同晴天霹靂，她怎麼也想不通，佛祖竟然這樣對她。幾日來，她不吃不喝，生命危在旦夕。太子芝草苦戀蛛兒，如果蛛兒死了，他也不想再活，便準備拔劍自刎。

這時，佛祖來了，對蛛兒靈魂說：「蜘蛛，你可曾想過，甘露（甘鹿）是風（長風公主）帶來的，最後也是風將它帶走的。甘鹿是屬於長風公主的，他對你不過是生命中的一段插曲。而太子芝草是當年圓音寺門前的一棵小草，他看了你三千年，愛慕了你三千年，但你卻從沒有低下頭看過它。蜘蛛，我再問你，世間什麼才是最珍貴的？」蜘蛛一下子大徹大悟，她對佛祖說：「世間最珍貴的不是『得不到』和『已失去』，而是現在能把握的幸福。」剛說完，佛祖就離開了，蛛兒的靈魂也回位了，她睜開眼睛，看到正要自刎的太子芝草，她馬上打落寶劍，和太子深情地抱在了一起……

在生活中，很多人都有過這種經驗，強烈喜歡某一個人，但是卻因為各種原因不能走到一起，成為了在心中苦苦折磨的刻骨銘心的記憶。實際上有太多得不到的感情並不是愛情，只因記憶堆積久了，對方在我們心目中的分量重了，所以我們無法放下這段感情，而並不是對方這個人。

很多時候，愛我們的人近在咫尺，可是讓我們柔腸百轉、牽腸掛肚的卻往往是另外一個人。我們為他流淚、為他悲哀；只講付出，不要一點回報。我們以為這是愛情，其實這只是出於人的某種心理：得不到的，就是最好的。輕易得到的，往往又不懂珍惜。

我們之中的很多人都固執地認為得不到的總是最好的，得到的都是自己不想要的或不是最好的、最優秀的。於是苦苦追求永遠得不到的東西，為了一棵樹放棄了整片森林，錯過了更多的歲月和更多的人，還總是沉溺於無邊無際的憂傷和痛苦之中抱怨命運的捉弄，命運的不公平。

在這種心理的驅使下，我們很難快樂，始終看不到未來，時時喜歡把自己身邊的人與得不到的人相比，把得不到的人想像成最完美的精品，而身邊的人往往不懂得去珍惜，只有在失去身邊的人後，才恍然大悟，後悔莫及。這時，人的心理又循環開始認為失去的（又一次得不到）才是最好的。

愛，本來就是一件百轉千迴的事，說不定有那麼一瞬你就會幡然悔悟——原來你也在這裡。不要追求虛無縹緲的愛情，不要嘗試飛蛾撲火，不要因為年輕就揮霍愛情。該放手的時候不要猶豫，不要讓不值得的人一次又一次傷害我們。很多時候我們以為自己愛的是那個人，其實我們只是愛上愛情。

愛是恆久的忍耐

最自我中心、自私自利的人，在戀愛中也會表現出某種理解、寬容、關懷和無私。

佛說，前生的五百次回眸，才換得今生的一次擦肩而過。席慕蓉說，那麼我要用多少次回眸才能真正住進你的心中？世界上的每一份緣都很不容易，牽手了，就不要輕言離別。相互包容，彼此忍耐，能相偕走過一生，才是最浪漫的事情。

一對情侶在咖啡館裡發生了口角，互不相讓。男孩憤然離去，女孩子找不到發洩的方式，就用匙子狠狠地搗著杯中未去皮的新鮮檸檬片。當檸檬片被她搗得不成樣子的時候，杯中的檸檬茶也泛起了檸檬皮的苦味。

於是女孩叫來侍者，要求換一杯剝掉皮的檸檬茶。侍者看了一眼女孩，沒有說話，拿走那杯已被她攪得很渾濁的茶，又端來一杯冰凍檸檬茶，只是，茶裡的檸檬還是帶皮的。原本就心情不好的女孩更加惱火了，她又叫來侍者：「我說過，茶裡的檸檬要剝皮，你沒聽清楚嗎？」

侍者看著她，眼睛清澈明亮：「小姐，你知道嗎，檸檬皮經過充分浸泡之後，它的苦味溶解於茶水之中，將是一種清爽甘冽的味道，正是現在的你所需要的。所以請不要急躁，不要想在3分鐘之內把檸檬的香味全部擠壓出來，那樣只會把茶攪得很渾，把事情弄得一團糟。」

女孩愣了一下，心裡有一種被觸動的感覺。「那麼，要多長時間才能把檸檬的香味發揮到極致呢？」

侍者笑了：「12個小時。12個小時之後檸檬就會把生命的精華全部釋放出來，你就可以得到一杯美味至極的檸檬茶，但你要付出12個小時的忍耐和等待。」

侍者頓了頓，又說道：「其實不只是泡茶，生命中的任何煩惱，只要你肯付出12個小時的忍耐和等待，就會發現，事情並不像你想像的那麼糟糕。」

回到家後，女孩自己動手泡了一杯檸檬茶，她把檸檬切成又圓又薄的小片，放進茶裡。女孩靜靜地看著杯中的檸檬片，她看到它們慢慢張開來，像是細密的眼淚，想起曾經的愛情，她的鼻子開始有些發酸。12個小時以後，她品嘗到了她有生以來喝到的最絕妙、最美味的檸檬茶。女孩開始明白，這是因為檸檬的靈魂完全深入其中，才會有如此完美的滋味。

正當女孩發愣的時候，門鈴響了，男孩站在門口，懷裡抱著一大捧熱烈的火紅玫瑰。

「可以原諒我嗎?」他訥訥地問。女孩笑了,她拉他進來,在他面前放了一杯檸檬茶。「讓我們有一個約定,」女孩說道,「以後,不管遇到多少煩惱,我們都不許發脾氣,定心來想想這杯檸檬茶。」

「為什麼要想檸檬茶?」男孩困惑不解。

「因為,我們需要耐心等待12個小時。」

幾乎所有的愛,都需要我們的忍耐。愛是不吵架,愛是忍耐,是付出,是感激。每個人的一生中要經歷很漫長的焦灼等待,才能在茫茫人海中遇到那個可以相互託付的人。得到了,擁有了,就要懂得珍惜、

正如《聖經·哥林多前書》裡所說的,「愛是恆久忍耐,又有恩慈;愛是不嫉妒,愛是不自誇,不張狂,不作害羞的事,不求自己的益處,不輕易發怒,不計算人的惡,不喜歡不義,只喜歡真理;凡事包容,凡事相信,凡事盼望,凡事忍耐;愛是永不止息。」相比起曾經孤獨絕望的等待,相比起頓足錯過的刻骨遺憾,忍耐一下又算什麼呢?

第二十三堂課

【用心呵護「婚姻鳥」】——婚姻不是一顆心的獨舞

婚姻中，愛是理解的別稱

如果你生氣了，請在面對愛人之前先面對鏡子。看看自己，你喜歡現在這張臉嗎？

小張畢業後到某機關工作。他在工作中看到：乖巧精靈者吃香，老實憨厚者吃虧，吹吹拍拍者升官，正正派派的無人問津。他雖然有所進取，但他剛直的秉性和積極做人的良知，約束他不去迎合那些腐朽的觀念，而要做一個不卑不亢、埋頭苦幹的老實人。

正因為如此，他吃了不少苦頭。和他一起來的和後來的，有的提升為科長。因為他有自己做人的宗旨，所以這一切，他並不在乎。但是對此，他的妻子卻總是不理解地說：「人家都升職了，就剩下你一個人，高不成低不就，不感到窩囊嗎？」這讓他有些苦惱，不過還是忍耐了下來。

一天，收音機裡播送著優美的音樂，他情不自禁地隨著唱起來。妻子這時又對他說：「連個科長都沒當上，還挺樂的呢，真不知道愁！」一句話，就破壞了他的好心情。其實類似的事，在他們夫妻之間經常發生，妻子刺激的話，小張經常聽。他感到，他們的愛是苦澀的。

泰戈爾說：「愛，是理解的別稱。」在日常人際交往中，人與人之間的相互理解就是彼此溝通的重要因素。那麼相濡以沫的夫妻之間就更需要理解。追根溯源，小張與妻子間的矛盾正是源自於妻子對他的不理解。

正是由於她的不理解，或者說不願意去體諒她的丈夫，造成了她不願意去瞭解他。對於她來說，丈夫的理想、追求和他的品行、情操以及為人，都是那麼生疏，真可謂缺乏共同的語言。夫妻間應該是互相瞭解的，是知音。只有你瞭解了對方，才能對其體貼、關懷，並輔佐其上進。如果小張的妻子，瞭解丈夫做人的品行，理解丈夫的追求，她就不會羨慕什麼科長，而是安慰丈夫做一個正直的人。

可見，理解是夫妻間的黏合劑。夫妻相處要是連理解與體諒都沒有，這種婚姻會是很痛苦和寂寞的。當然，我們這裡所說的瞭解，不單是指瞭解愛人的一般情況，而是指對愛人的內心世界的感知。因為，人的行動是受思想支配的。你瞭解了愛人的思想，才能理解他（她）的行動。只有夫妻間彼此體諒與關懷，才會換來夫妻間更加深沉的愛。

有這樣一對夫妻，妻子當上了經理以後，每天都是早出晚歸，有時連星期天也不休息。所以，大部分家務都落在了丈夫頭上。一次，妻子對丈夫說：「你看，我這一當經理，把你累壞了，以後，我儘量早回來做飯。」丈夫說：「我知道，你擔負經理一職，想把工作做好，家務事我多做一些，完全可以，你不必掛心。等你工作熟悉了，再多分擔些家務。」妻子聽了非常感動，忙說：「你真能體諒人，這樣支持我的工作，我一定會把工作做好。」

事實上，在現實生活中，不管是男人還是女人，都不容易。男人以事業為重，成天在外打拚。現在的社會，競爭殘酷，壓力大，稍不留神，就會被人擠下來，甚至一敗塗地，可以想見，哪一個女人都不希望自己的丈夫是這樣的下場。因此做妻子的要理解、要寬容、要容忍他們偶爾的懶惰，容忍他們的不解風情。

當然，男人也要理解自己的妻子。女人更不容易，除了每天和男人一樣在外面工作，承受壓力外，還要顧家，還要管孩子。一日三餐要做，大人小孩的衣服要洗，孩子的功課要輔導，屋裡屋外要打掃，要收拾。其中滋味，非男人所能體會，其身心勞累，非男人所能比及。所以做丈夫的應該看到這點，而不要視若無睹，不要認為理所當然，要力所能及地多幫妻子分擔一些家務，要適時地給予溫柔的言語，溫暖那顆疲憊的心，要愛惜自己的妻子，要讓她盡可能地開心。

可見，只要夫妻間能夠互相體貼與理解，兩人間的感情就會更加融洽，婚姻生活也會更加美滿幸福。

「不完美」正是一種完美

你所愛的人，他並不是全然完美，但是正因為他的五音不全，你才發現他的可愛之處。

有一天，古希臘的哲學家柏拉圖問老師蘇格拉底：「什麼是婚姻？」

對此，蘇格拉底叫他到杉樹林走一次，要不回頭地走，在途中要取一棵最好、最適合用來當聖誕樹用的樹材，但只可以取一次。

聽完，柏拉圖就充滿信心地走出去了。半天之後，他一身疲憊地拖了一棵看起來直挺、翠綠，卻有點稀疏的杉樹。蘇格拉底問他：「這就是最好的樹材嗎？」

柏拉圖回答說：「因為只可以取一棵，好不容易看見一棵看似不錯的又發現時間、體力已經快不夠用了，也不管是不是最好的，所以就拿回來了。」這時，蘇格拉底告訴他：「那就是婚姻。」

其實，婚姻本身就是有缺陷的、不完美的，那些所謂的完美無缺的婚姻只存在於戀愛時的遐想裡。當然，那些婚姻屢敗者也許還固守著這個殘破的理想。上帝總有些苛刻，或者說公平，祂不會把所有的幸運和幸福降臨在一個人身上，有愛情的不一定有金錢，有金錢的不一定有快樂，有快樂的不一定有健康，有健康的不一定有激情。嚮往和追求美滿精緻的婚姻，就像希望花園裡的玫瑰會在一個清晨全部怒放般不切實際。

要想放棄或破壞婚姻不如建設婚姻。許多被大家看好的婚姻因為當事人的漫不經心、吹毛求疵、急不可耐的態度，可能很快導致婚姻破碎；而那些在眾人眼裡並不被看好的婚姻，因為兩個人用心、細緻、鍥而不捨地經營，就如一棵纖弱的樹，後來居然能枝繁葉茂、鬱鬱蔥蔥。婚姻大抵也是如此，當事人稍一怠慢，它可能很快就會枯萎、凋零。而夫妻雙方如果用一種積極的心態去修補、保養、維護，也許奇蹟就會發生。

作家劉墉曾經講過這樣一個真實的故事。他有一個朋友，單身半輩子，快五十歲了，突然結了婚，新娘跟他的年齡差不多，徐娘半老，風韻猶存。只是知道的朋友都竊竊私語：「那女人以前是個演員，嫁了兩任丈夫都離了婚，現在不紅了，讓他撿了個剩貨。」話不知道是不是傳到了朋友耳裡！

有一天，朋友跟劉墉出去，一邊開車，一邊笑道：「我這個人，年輕的時候就盼著開賓士車，沒錢買不起，現在呀！還是買不起，買輛二手車。」他開的確實是輛老車，劉墉左右看著說：「二手？看來很好哇！馬力也足。」

「是啊！」朋友大笑了起來，「舊車有什麼不好？就好像我太太，前面嫁個四川人，又嫁個上海人，還在演藝圈二十多年，大大小小的場面見多了，現在，老了，收了心，沒了以前的嬌氣、浮華氣，卻做得一手四川菜、上海菜，又懂得佈置家。講句實在話，她真正最完美的時候，反而都被我遇上了。」

「你說得真有理，」劉墉說，「別人不說，我真看不出來，她竟然是當年的那位豔星。」

「是啊！」他拍著方向盤。「其實想想自己，我又完美嗎？我還不是千瘡百孔，有過許多往事、許多荒唐？正因為我們都走過了這些，所以兩個人都成熟，都知道讓，都知道忍，這不完美正是一種完美啊！……」

「不完美」正是一種完美！

試想，我們每個人來到世間，都要經歷從小到老的過程。當我們少時，朝氣蓬勃，光彩奪目；但是當我們老了，鏽了，都千瘡百孔了，總隔一陣子就去看醫生，來修補我們殘破的身軀。我們又何必要求自己擁有的人、事、物，都完美無瑕、沒有缺點呢？

這也讓我們聯想到，天空收容每一片雲彩，不論其美醜，故天空廣闊無比；高山收容每一塊岩石，不論其大小，故高山雄偉壯觀；大海收容每一朵浪花，不論其清濁，故大海浩瀚無比。人生之旅，我們收穫完美，也收穫不完美，才享受了一個豐富多彩的人生，正是不完美成就了完美的一生。

堅守信任，讓愛的風箏永不墜落

被人信任，人們心中會油然而生一種榮耀和使命，這種感覺無法用金錢衡量，無法被量化。

莎士比亞《奧賽羅》的主人翁奧賽羅，因為發現自己第一次送給妻子苔絲狄蒙娜的禮物——一方繡著草莓花樣的手帕，在另一個男子的屋裡，便斷定妻子是「人盡可夫的娼婦」，還在讒言的挑撥下，被猜疑之火遮蔽了雙眼，狂怒中親手殺死美麗、貞潔的妻子苔絲狄蒙娜，上演了一齣千古悲劇。

在我們的生活中，也時時可見「奧賽羅」的悲劇上演。妻子收到了一則簡訊，丈夫想，是誰發來的？妻子與老同學聚會，丈夫懷疑妻子精神出軌；丈夫晚回來幾個小時，妻子懷疑丈夫在外面是不是有情人了；妻子老家來人，丈夫懷疑妻子偷偷地給老家人錢；妻子與前夫見面，丈夫懷疑舊情復發；丈夫出差在外，妻子懷疑丈夫行為不軌，等等。婚姻生活一旦喪失了信任這個基礎，矛盾與衝突在所難免，最後鬧得夫妻雙方反目成仇，一段美滿姻緣就此破裂的現象並不少見。

俗語說：「世上有，戲上就有。」夫妻間的不信任最終導致婚姻破裂的例子日益增多，這些例子從生活中走到了電視螢幕上，意圖給婚姻中的人們警醒：別讓不信任破壞了你的婚姻。

電視劇《不要和陌生人說話》裡，正是因為丈夫安嘉和對妻子梅湘南的不信任，才導致他對妻子一再大打出手，上演了一幕幕殘忍的家庭暴力。甚至連梅湘南因做家訪而晚歸，安嘉和都疑心重重，藉口梅湘南影響他休息，和梅湘南一言不合，就瘋狂暴打梅湘南。最終，這段沒有信任的婚姻走到了盡頭。

而電視劇《誰懂我的心》中，方小雨也是因為對丈夫不信任，差點破壞了自己幸福的婚姻。方小雨是個全職太太，面對優秀帥氣的丈夫邵永康，她沒有自信，總擔心他有外遇。而丈夫此時正面臨事業上的難題，承受著巨大的壓力，卻又不忍將壓力帶給自己的妻子。這反倒使疑神疑鬼的方小雨更加懷疑丈夫在外面有別的女人，變得越來越神經質，甚至積慮成疾，患上了精神分裂症，她居然把刀子刺進了丈夫的胸膛。然而，在兩人卸下彼此的心防，搭建起信任的橋樑後，又重新開始了幸福的婚姻生活。

婚姻生活中，許多人身上都有「安嘉和」、「方小雨」的影子，不信任自己的妻子或丈夫，成天疑神疑鬼，往往親手毀滅了自己幸福的婚姻。

婚姻中的任何猜疑都會變成一把鋒利的刀劍，將幸福的面紗一劍擊穿。那麼，婚姻到底是什麼？是「幸福的殿堂」、「愛情的墳墓」，還是「無奈的圍城」……凡此種種，不一而足。而在一位女作家的眼中，婚姻是自由的風箏，夫妻的愛是牽繫的線，夫妻的信任是把持的手。

的確，婚姻不僅需要愛情來維繫，而且還需要自由的空間和彼此的信任。因為無論什麼樣的愛，如果失去適當的距離和寬鬆的空間，也會變得令人厭倦，令人窒息。風箏要想起飛，需要風和日麗的天空，更需要堅固綿長的線和始終抓緊的手。婚姻的風箏也是如此：夫妻間的愛越是綿長，彼此的信任越是穩固，色彩斑斕的風箏，越會飛得高遠平穩；風箏越高越平穩，綿長的愛也會更持久，把持的手也會更有力。這樣的風箏就會經得起風雨的襲擊，飛不出仰望的視線，飛不出那份愛情的牽信任的掛。如果，愛情的線不能永遠堅固，抑或信任的手不能很好的把持，風箏也會墜落。當然，失去了愛和信任的婚姻，又何必強求呢？

但是我們相信，只要夫妻的愛綿綿不絕，彼此的信任永遠堅持，婚姻的風箏一定會在空中飛得更加自由，更加絢麗多彩！

第二十四堂課

【撫平傷口的溫柔的手】——家是心靈的避風港

父母之愛，愛到深處無怨尤

世界上的其他一切都是假的、空的，唯有父母之愛是最真實的、永恆的、不滅的。

他本在一家外企任職，然而，一次意外使他的左眼突然失明。為此，他失去了工作，到處求職卻因「形象問題」連連碰壁。「賺錢養家」的擔子落在了他那「白領」妻子的肩上，天長日久，妻子開始鄙夷他的「無能」，像功臣一樣對他頤指氣使。

她日漸感到他的老父親是個負擔，拖鼻涕淌眼淚讓人看了噁心。為此，她不止一次跟他商量把老人送到養老院去，他總是不同意。有一天，他們為這件事在臥室吵了起來，妻子嚷道：「那你就跟你爹過吧，咱們離婚！」他一把捂住妻子的嘴說：「妳小聲點，當心讓爸聽見！」

第二天早飯時，父親說：「有件事我想跟你們商量一下，你們每天上班，孩子又上學，我一個人在家太冷清了，所以，我想到老年公寓去住，那裡都是老人……」

他一驚，父親昨晚果真聽到他們爭吵的內容了！

「可是，爸——」他剛要說些挽留的話，妻子瞪著眼在餐桌下踩了他一腳。他只好又把話咽了回去。第二天，父親就住進了養老院。

星期天，他帶著孩子去看父親，進門便看見父親正和他的室友聊天。父親一見孫子，就心肝肉地又抱又親，還抬頭問兒子工作怎麼樣，身體好不好……他好像被人打了一記耳光，臉上發起燒來。

「你別過意不去。我在這裡挺好，有吃有住還有得玩……」父親看起來很滿足，可是他的眼睛卻漸漸湧起一層霧來。為了讓他過得安寧，父親情願壓制自己的需要——那種被兒女關愛的需要。

幾天來，他因父親的事寢食難安。挨到星期天，他又去看父親，剛好碰到市衛生局的人員正在向老人們宣傳無償捐獻遺體器官的意義，問他們有誰願意捐。很多老人都在搖頭，說他們這輩子最苦，要是死都不能保個全屍，太對不起自己了。

這時，父親站了起來，他問了兩個問題：一是捐給自己的兒子行不行？二是趁活著捐可不可以——「我不怕疼！我也老了，捐出一個角膜生活還能自理，可是我兒子還年輕呀，他因為這隻失明的眼睛失去了多少求職的機會！要是能將我兒子的眼睛治好，我就是死在手術臺上，心裡都是甜的……」

所有人都停止了談笑風生，把震驚的目光投向老淚縱橫的父親。屋子裡靜悄悄的，只看得見父親的嘴唇在抖。他已說不出話來，一股看不見的潮水瞬間將他圍裹住。他滿臉淚水，邁著莊重的步伐，一步步走到父親面前，和父親緊緊地抱在一起。

當天，他就不顧父親的反對，為父親辦好有關手續，接他回家。至於妻子，他已做好最壞的打算。臨走時，父親一臉欣慰地與室友告別。室友一把眼淚一把鼻涕地埋怨自己的兒子不孝，讚嘆他父親的福氣。

父親說：「別這樣講！俗話說，莊稼是別人的好，兒女是自己的親，打斷骨頭連著筋。自己的兒女，再怎麼都是好的。你對小輩寬宏些，孩子們終究會想過來的……」說話間，父親還用手給他撫平襯衣上的皺褶，疼愛的目光像一張網，將他從頭罩下。他再次哽咽，感受如燈的父愛，在他有限的視力裡放射出無限神聖的亮光。

大愛無言，情到深處無怨尤。世上也只有自己的父母才會不求回報，甘心為子女付出自己的一切，乃至生命。當我們做錯事情的時候，父輩以他們的寬容承載著我們所給予他們的傷害，對此我們難道可以無動於衷嗎？父母對子女的愛，就像流水，一直長流；而子女對父母的愛，就像風吹樹葉，風吹一下，就動一下，風不吹，就不動。在他們有生之年趕快盡一點自己的心意，莫要等到「子欲養而親不待」時再後悔。

別讓愛的天平失衡

父母對孩子的愛是一種直覺，一種本能；孩子對父母的愛卻是一種充滿計較、算計性的付出。

有個老人，妻子去世以後一直一個人過著孤單的生活。他一生都是個辛苦工作的裁縫。但時運不佳，他身無分文。現在他太老了，已經不能幹活了。他的雙手抖得厲害，根本無法穿針，而且老眼昏花，縫不直一條線。他有三個兒子，都已經長大成人，結了婚有了各自的家。他們忙於自己的生活，只是每週回來和父親吃一頓飯。

漸漸地，老人的身體越來越虛弱了，兒子看他的次數也越來越少。他心想：「他們不願意陪在我的身邊，因為他們害怕我會成為他們的累贅。」他徹夜不眠為此而擔心，最後他想出了一個辦法。第二天早上，他找到木匠朋友，給自己做了一個大箱子。然後他又跟鎖匠朋友要了一把舊鎖頭。最後他找到賣玻璃的朋友，把朋友手頭所有的碎玻璃都要過來。

老人把箱子拿回來，裝滿碎玻璃，緊緊地鎖住，放在了飯桌下面。當兒子們又過來吃飯的時候，他們的腳踢到了箱子。

他們向桌子底下看，問他們的父親：「裡面是什麼？」

「噢，什麼也沒有，」老人說，「只是我平時省下的一些東西。」

兒子們輕輕動了動箱子想知道它有多重，他們踢了踢箱子，聽見裡面發出響聲。「那一定是他這些年積攢的金子。」兒子們竊竊私語。

他們經過討論，認為應該保護這筆財產。於是他們決定輪流和父親一起住，照顧他。第一周年輕的小兒子搬到父親家裡，照顧父親，為他做飯。第二周是二兒子，再下一周是大兒子，就這樣過了一段時日。

最後年邁的父親生病去世了。兒子們為他舉辦了體面的葬禮，因為他們知道飯桌下面有一筆財產，為葬禮稍微揮霍一些他們還承擔得起。

葬禮結束後，他們滿屋子搜，找到了鑰匙。打開箱子後，他們看到的當然是碎玻璃。

「好噁心的詭計，」大兒子說，「對自己的兒子做出這麼殘忍的事情！」

「但是他還能怎麼做？」二兒子傷心地問，「我們必須對自己誠實，如果不是為了這個箱子，直到他去世我們也不會有人注意他。」

「我真為自己感到羞愧，」小兒子抽泣著，「我們逼著自己的父親欺騙我們，因為我們沒有遵從小的時候他對我們的教誨。」

但是大兒子還是把箱子翻過來，想看清楚在玻璃中是不是真的沒有值錢的東西，他把所有的碎玻璃都倒在地上。頓時三個兒子都噤聲無言，——箱子底下刻著一行字：孝敬父母！

因為有了利益才去孝順父母，這真是令人心寒的現象。父母為我們操勞一生，到老來只是希望能有個安詳的晚年，許多做兒女的卻做不到、做不好這一點，這不僅僅是一個家庭的悲劇，也是整個社會的悲劇。

身為子女，想一想，父母為我們付出的愛，再想一想自己回報了父母什麼，愛的天平是否一邊重一邊輕？愛的天平失衡，幸福的天平也不能平衡。從現在起，從這一刻起，關愛自己的父母。

別把寂寞留給生養我們的父母

無論是對我們的父母或是其他老人，當我們崇敬和尊重他們的智慧時，當我們花時間聆聽他們並向他們學習時，我們更能領悟到他們的價值，進而意識到年老的價值。

「你可是又在村口，把我張望。你可是又在窗前，把我默想。你的那一根啊，老拐杖，是否又把你帶到，我離去的地方，娘啊，娘啊，白髮親娘，兒在天涯，你在故鄉。娘啊，娘啊，白髮親娘，黃昏時候，晚風已涼……」當《白髮親娘》的歌聲飄進心房，你是否也想到了那青絲變白髮，那筆直的身軀漸漸彎曲的父母。一日日，我們的成長就這樣催老了父母，我們翅膀硬了之後單飛，就給父母留下了無盡的寂寞。

在南方一座寧靜的小城，小城裡有一座不大不小的圖書館。圖書館裡的一名管理員發現有一位奇怪的老讀者，他背駝得厲害，但他風雨無阻地天天泡在圖書館的報刊閱覽室裡。不僅如此，在所有讀者中，他總是第一個進去，最後一個走。有時讀者都走盡了，他也不走，天天如此，閱覽室管理員對這個讀者煩透了，打心眼裡煩。

那個老讀者每次來到閱覽室，翻翻這看看那，看上去毫無目的，純粹是來消磨時光的。管理員越來越看不順眼這個駝背的老頭，他一來她就煩，別的管理員也如此，對他一點也沒有好感。有一天偶然發生的一件事，讓管理員從此改變了對這位老人的看法。

那天在下班的路上，同事突然問她：「你母親是不是到我太太那間商場當監督員了？」

管理員愕然：「沒聽我母親說過呀。」

同事說：「我老婆在那商場當營業員，她們商場每天開門，迎來的第一個顧客常常是你母親。而且老婦人什麼也不買，卻挨個看櫃檯，還要問這問那。時間一長，營業員們就以為老婦人是商場高層雇的監督員，是來監督他們工作的——因為商場經理有話在先。營業員們就對老婦人很戒備。」雖然同事沒有直接說出來，但是她依然聽出了那話語中的不友好和厭煩來。

管理員徑直回到母親家，她父親兩年前病故，母親一個人生活。她把同事所說的事情一說，問母親是否真的在給人家做監督員。母親矢口否認：「沒有這回事呀？他們大概是誤會了，我就是閒逛而已。」

她開始數落著母親。孰料，母親長嘆了一聲，傷感地說：「我們這些老人一天到晚太寂寞了，逛逛商店，消磨一下時間，時間一長就養成習慣了，一天不去就覺得不對勁。要不，你要我每天幹什麼好呢……」母親說到這裡，垂下頭，悄悄地流下了眼淚。

就在一剎那間，管理員突然感到心裡酸酸的。母親有一兒兩女，但由於很多方面的原因，他們很少來看母親，陪在老人身邊，陪她聊聊天，母親需要的是排解寂寞和孤獨呀！那天管理員沒有回家住，而是陪母親住了一晚，聊了一晚上的天。

第二天早上，管理員上班很早，但駝背老人仍然等候在閱覽室門前，也不知怎麼她心中突然湧起一股柔情，她第一次沒有用以前的那種眼光來看這個老人。

管理員面帶微笑，對他說：「早啊老伯，這麼早就來了，來了就進來吧。」

……

每個人的生命總是要一步步接近衰老，在我們風華正茂的時候，是否想過那養育我們多年的父母呢？他們把餘熱都已發揮至盡，他們的人生正如一幕戲劇般行將落幕，對此，我們可否對他們多一點體貼和關懷呢，別讓寂寞包圍他們的心。

職場生活

01	公司就是我的家	王寶瑩	定價：240元
02	改變一生的156個小習慣	憨氏	定價：230元
03	職場新人教戰手冊	魏一龍	定價：240元
04	面試聖經	Rock Forward	定價：350元
05	世界頂級CEO的商道智慧	葉光森 劉紅強	定價：280元
06	在公司這些事，沒有人會教你	魏成晉	定價：230元
07	上學時不知，畢業後要懂	賈 宇	定價：260元
08	在公司這樣做討人喜歡	大川修一	定價：250元
09	一流人絕不做二流事	陳宏威	定價：260元
10	聰明女孩的職場聖經	李娜	定價：220元
11	像貓一樣生活，像狗一樣工作	任悅	定價：320元
12	小業務創大財富—直銷致富	鄭鴻	定價：240元
13	跑業務的第一本Sales Key	趙建國	定價：240元
14	直銷寓言--激勵自己再次奮發的寓言故事	鄭鴻	定價：240元
15	日本經營之神松下幸之助的經營智慧	大川修一	定價：220元
16	世界推銷大師實戰實錄	大川修一	定價：240元
17	上班那檔事--職場中的讀心術	劉鵬飛	定價：280元
18	一切成功始於銷售	鄭鴻	定價：240元
19	職來職往--如何找份好工作	耿文國	定價：250元
20	世界上最偉大的推銷員	曼尼斯	定價：240元
21	畢業5年決定你一生的成敗	賈司丁	定價：260元
22	我富有，因爲我這麼做	張俊杰	定價：260元
23	搞定自己 搞定別人	張家名	定價：260元
24	銷售攻心術	王擁軍	定價：220元
25	給大學生的10項建議：祖克柏創業心得分享	張樂	定價：300元
26	給菁英的24堂心理課	李娜	定價：280元

身心靈成長

01	心靈導師帶來的36堂靈性覺醒課	姜波	定價：300元
02	內向革命-心靈導師A.H.阿瑪斯的心靈語錄	姜波	定價：280元
03	生死講座——與智者一起聊生死	姜波	定價：280元

04	圓滿人生不等待	姜波	定價：240元
05	看得開放得下——本煥長老最後的啓示	淨因	定價：300元
06	安頓身心--喚醒內心最美好的感覺	麥克羅	定價：280元

典藏中國：

01	三國志--限量精裝版	秦漢唐	定價：199元
02	三十六計--限量精裝版	秦漢唐	定價：199元
03	資治通鑑的故事--限量精裝版	秦漢唐	定價：249元
04-1	史記的故事	秦漢唐	定價：250元
05	大話孫子兵法--中國第一智慧書	黃樸民	定價：249元
06	速讀二十四史--上下	汪高鑫李傳印	定價：720元
08	速讀資治通鑑	汪高鑫李傳印	定價：380元
09	速讀中國古代文學名著	汪龍麟主編	定價：450元
10	速讀世界文學名著	楊坤　主編	定價：380元
11	易經的人生64個感悟	魯衛賓	定價：280元
12	心經心得	曾琦雲	定價：280元
13	淺讀《金剛經》	夏春芬	定價：210元
14	讀《三國演義》悟人生大智慧	王　峰	定價：240元
15	生命的箴言《菜根譚》	秦漢唐	定價：168元
16	讀孔孟老莊悟人生智慧	張永生	定價：220元
17	厚黑學全集【壹】絕處逢生	李宗吾	定價：300元
18	厚黑學全集【貳】舌燦蓮花	李宗吾	定價：300元
19	論語的人生64個感悟	馮麗莎	定價：280元
20	老子的人生64個感悟	馮麗莎	定價：280元
21	讀墨學法家悟人生智慧	張永生	定價：220元
22	左傳的故事	秦漢唐	定價：240元
23	歷代經典絕句三百首	張曉清 張笑吟	定價：260元
24	商用生活版《現代36計》	耿文國	定價：240元
25	禪話•禪音•禪心禪宗經典智慧故事全集	李偉楠	定價：280元
26	老子看破沒有說破的智慧	麥迪	定價：320元
27	莊子看破沒有說破的智慧	吳金衛	定價：320元
28	菜根譚看破沒有說破的智慧	吳金衛	定價：320元

29	孫子看破沒有說破的智慧	吳金衛	定價：320元
30	小沙彌說解《心經》	禾慧居士	定價：250元
31	每天讀點《道德經》	王福振	定價：320元
32	推背圖和燒餅歌裡的歷史	邢群麟	定價：360元
33	易經：現代生活的智慧	孫三寶	定價：280元
34	《傳習錄》白話本	姜波	定價：330元
35	《史記》故事導讀	姜波	定價：340元
36	《資治通鑑》故事導讀	姜波	定價：300元
37	厚黑學全集【參】厚黑心術	李宗吾	定價：300元
38	《碧巖錄》中的100大智慧	于水音	定價：280元
39	入骨相思知不知—醉倒在中國古代情詩裡	維小詞	定價：300元
40	厚黑學全集【肆】厚黑之道	李宗吾	定價：320元
41	一本書讀懂戰國史	秦漢唐	定價：420元

心理學大師講座

01	北大教授講解脫之道	葉　舟	定價：240元
02	北大教授講包容之道	葉　舟	定價：240元
03	北大教授給的24項人緣法則	葉　舟	定價：240元
04	北大教授給的28項快樂法則	葉　舟	定價：240元

商海巨擘

01	台灣首富郭台銘生意經	穆志濱	定價：280元
02	投資大師巴菲特生意經	王寶瑩	定價：280元
03	企業教父柳傳志生意經	王福振	定價：280元
04	華人首富李嘉誠生意經	禾　田	定價：280元
05	贏在中國李開復生意經	喬政輝	定價：280元
06	阿里巴巴馬　雲生意經	林雪花	定價：280元
07	海爾巨人張瑞敏生意經	田　文	定價：280元
08	中國地產大鱷潘石屹生意經	王寶瑩	定價：280元

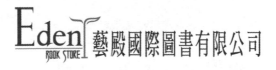

國家圖書館出版品預行編目資料

給菁英的24堂心理課 / 李娜 著

一 版.-- 臺北市 :廣達文化, 2013.12

; 公分. -- （文經閣）(職場生活：26)

ISBN 978-957-713-538-4 (平裝)

1.自我實現　2.生活指導

177.2　　　　　　　　　　102021244

給菁英的24堂心理課

榮譽出版：文經閣

叢書別：職場生活 26

作者：李娜 著
出版者：廣達文化事業有限公司
Quanta Association Cultural Enterprises Co. Ltd
發行所：臺北市信義區中坡南路 287 號 4 樓
電話：27283588　傳真：27264126　　E-mail：*siraviko@seed.net.tw*

印　刷：卡樂印刷排版公司　　裝　訂：秉成裝訂有限公司

代理行銷：創智文化有限公司
23674 新北市土城區忠承路 89 號 6 樓　電話：02-2268-3489　傳真：02-2269-6560

CVS 代理：美璟文化有限公司
電話：02-27239968　傳真：27239668

一版一刷：2013 年 11 月

定　價：280 元

本書如有倒裝、破損情形請於一週內退換

書山有路勤為徑
學海無崖苦作舟

文經閣

書山有路勤為徑
學海無崖苦作舟

文經閣